こどもをぐんぐん伸ばす「将棋思考」

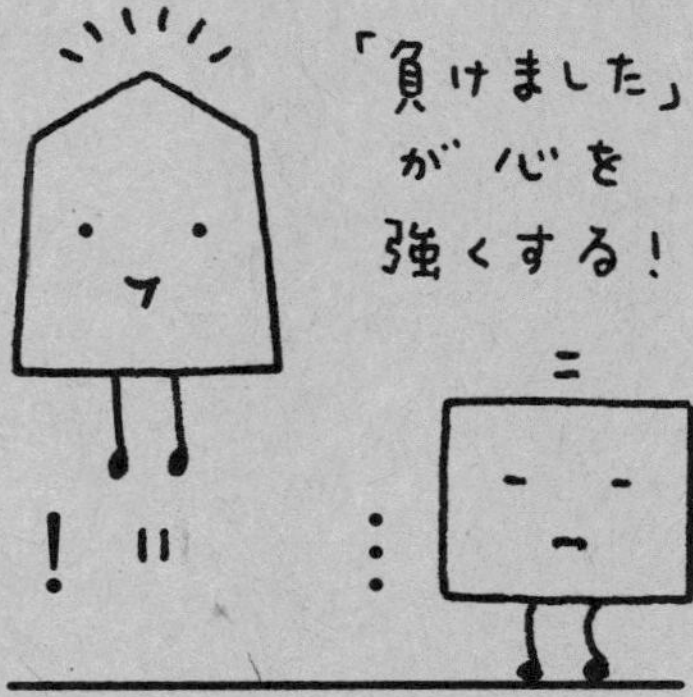

高野秀行
日本将棋連盟六段

ワニ・プラス

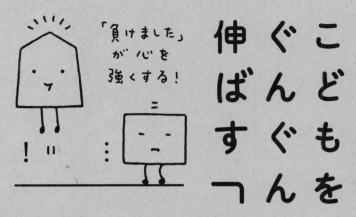

受験や就活に勝っても、
他者を思いやれない、
人望とは無縁な人間に
なってしまったら、
人の親として
とても悲しいことでは
ないでしょうか。

はじめに

「負けました」が育む思いやりの心。多くの情報から選んで決める力。長い人生を生き抜くための自立心。

魅力的で人望を集める大人への階段〜将棋

いま、この本を手にしたお父さんお母さんに質問があります。

みなさんは自分のこどもにどう育っていってほしいですか？

勉強が好きになって、試験でいい点を取ってほしい。一流大学に入って、一流企業に就職したり官僚になったりしてほしい。

そのようないわゆるエリートコースは一般的にいいことと認識されていますし、そうなってほしいと願う親御さんが多いのは当然だと思います。

しかし、それだけでいいのか？　と自問してみることもあるでしょう。

偏差値を物差しとしたシステマティックな勉強によって成績は上がるとしても、カーレースのように競争するだけでは、ストレスをためこみ、ギスギスした大人に育ってしまう可能性だってあります。

たとえ受験や就活に勝っても、**他者を思いやる心がなかったり、杓子定規な考え方しかできなかったりしたら、**人に好かれない、人望とは無縁な人間になってしまうかもしれない。それは、人の親としてとても悲しいことではないでしょうか。

私はいま、棋士として対局を続けながら、東京・世田谷区でこどもたちに将棋を教えています。10年目を迎えた「こども将棋教室」。そこで教えるうちに、こどもの脳と心にとって、将棋が素晴らしい体験であることを確信しました。

将棋には、どんなスポーツにもゲームにもない独特の決まりがあります。それは、「負けました」という言葉。審判が勝者を決めるのではなく、勝者が勝ち名乗りを上げるわけでもなく、敗者が自ら負けを認めることで初めて決着がつく。

最初は悔しくて言えなかった**「負けました」がしっかりと言えるようになると、こどもは謙虚になります。**勝っても、はしゃいだり威張ったりしなくなります。

これは「負けました」を何度も口にすることで、負けた相手の心情が自然とわかるようになるからです。相手を思いやる気持ちが芽生えるのです。

将棋はまた、現代社会を生き抜く知恵を与えてくれます。

将棋盤の9×9マスの中には、膨大な選択肢がひしめいています。対局者は限られた時間の中で、最善の手を選ばなければいけません。

これは、生活や仕事すべてに置き換えられます。

いまの世の中には情報があふれています。しかし、いいものばかりとは限りません。玉石混淆の選択肢の海から、自分にフィットした情報を見つけ、決断することが求められます。**選択の連続である将棋**を指すことで、その力が培われます。

そして将棋は、最初から最後まで1人でやり抜かなければいけません。

スポーツの試合では、監督やチームメイト、さらには審判がいます。しかし将棋の対局にこうした人たちはいません。どんなに幼い子でも、対局が始まったら1人。先生の助言はなく、仲間たちの声援もなく、審判のジャッジもない中で、考え、決断をし、駒を動かし、勝敗を受け入れなければいけません。**すべてを1人で行なう中で、こどもは自然と自立していく**のです。

つまり、長い人生を生き抜くために最重要とも言える「自立心」を育むために、これほど貴重な体験は、現代の教育環境下では、なかなかないはずです。

私は、小学1年生のときに将棋と出会いました。6年生になって新進棋士奨励会（以下、奨励会）に入会し、実に13年かけて四段に昇段。憧れだった棋士の仲間入りを果たしましたが、いま振り返ると、少年時代の私は勝つことにしか興味がありませんでした。しかし、こどもたちを教えるようになって、**将棋が持つ「人を育てる」という一面**に気づいたのです。

10年間、教室を続ける中で、私はこどもたちが将棋を通じて伸びやかに育っていく姿をたくさん見てきました。将棋を指すと、情緒が豊かになり、自分の言葉で表現できる魅力的な大人になっていきます。

この本をきっかけに、1人でも多くのこどもが将棋に触れてくれて、そんな大人になる姿を見ていくことができたら、これに勝る幸せはありません。

Contents

目次

Contents

目次

Contents

この本を読むための最低限の用語集

【定跡《じょうせき》】 過去の対局や研究から導き出された、最善とされる指し方。明確に決まっているものではないが、複数の棋士が公式戦で指している場合に、その序盤、中盤の手順をいうことが多い。囲碁では「定石」と書く。

【棋力《きりょく》】 将棋や囲碁の強さのこと。段級位やレーティングで表わす。

【駒台】 「持ち駒」を置く台のこと。将棋盤の右側に置くのが作法。歴史は浅く、明治時代に初めて作られた。

【（駒が）成《な》る】 敵陣に侵入した駒が、別の動きができるように変化すること。玉《ぎょく》、金以外の6種類の駒が成ることができる。成れる状況でも、あえて成らない「不成《ならず》」を選択することもできる。ただし、不成の結果、次の手の行き場所がなくなる場合は、成らなければならない。

【（駒の）交換】 駒の取り合いの結果、お互いに持ち駒を得ること。たとえば、自分の角で相手の金を取り、次に相手に角を取られれば「角金交換」という。

【（駒を）ぶつける】 相手の駒が利《き》いているところに自分の駒を指すか持ち駒を打って、交換を強要すること。

【最善手《さいぜんしゅ》】 その局面において、もっともいい手のこと。

【受け】 相手の攻めの手に対して、守りの手を指すこと。力強い受けで知られる木村一基《かずき》九段は、将棋連盟の所在地にちなんで「千駄ヶ谷の受け師」の異名を取る。

【初形】 最初の手が指される前の駒の配置。

【大駒《おおごま》・小駒《こごま》】 多くの利きを持つ飛車と角が「大駒」、その他の金銀桂香歩《けいきょうふ》が「小駒」と呼ばれる。

【強い駒・弱い駒】 玉を除いた7種類の駒の強さや価値はランク付けされており、強い順に飛車、角、金、銀、桂、香、歩となる。

【持ち駒】 相手から取った駒を自分の手に持ち、いつでも使えるルール。もしくはその駒のこと。手駒ともいう。

【合い駒】 飛車、角などの攻めに対し、間に駒を入れて利きを止めること。また、それに使われる駒のこと。

【玉《ぎょく》・王《おう》】 駒の種類の1つ。次の自分の手番で相手の玉将（王将）を取れることが確定すると「詰み」となり、その時点で勝利となる。「王」と「玉」に実質的には違いはないが、上位者（後手または上手）が王を使い、下位者（先手または下手）が玉を使うのが慣例となっている。

【居飛車《いびしゃ》】 「振《ふ》り飛車」と並ぶ二大戦法の1つ。序盤において、飛車を最初の場所に置いたまま、またはその周辺の右サイドに配置して戦う戦法。

【振《ふ》り飛車《びしゃ》】 「居飛車」と並ぶ二大戦法の1つ。序盤において、飛車を最初の場所から左サイドに振って戦う戦法。

【棒銀《ぼうぎん》】 戦法の1つで、銀を棒のようにまっすぐ進めて攻めることからこの名がついた。加藤一二三《ひふみ》名人の得意戦法としても知られる。

【囲《かこ》い】 玉の守り方。居飛車系と振り飛車系の2つに大別される。

【美濃囲《みのがこ》い】 代表的な囲いの1つで、居飛車戦法、振り飛車戦法どちらでも用いられる。横からの攻め、特に飛車の攻撃に対する防御力が強い。初心者からプロ九段まで、広く愛用されている。

【矢倉囲《やぐらがこ》い】 「美濃囲い」に並ぶ代表的な囲いの1つで、主に居飛車戦法で用いられる。上部からの攻めに強いという特徴がある。

【穴熊《あなぐま》】 居飛車、振り飛車のいずれの戦法でも用いられる囲い。囲うまでに手数はかかるが、金銀が連結した形で密集しているため、非常に堅い。

【王手飛車取《おうてひしゃと》り】 別名「王手飛車」。王手と同時に飛車取りをかける強力な手のこと。アマチュアでは「うっかり」の代名詞とされる。棋士の対局でもしばしば現れるが、こちらはもちろん狙ってのこと。棋士の間では「王手飛車取り、かけたほうが負け」とも言われる。

【詰将棋《つめしょうぎ》】駒が配置された局面から、王手をかけ続けて相手の玉を詰めるパズル。最短は1手詰めからあり、最長のものは１５２５手詰めにもなる。サイン代わりに色紙に自作詰将棋を記す棋士も少なくないが、藤井聡太七段もその1人。

【本筋《ほんすじ》】棋士がひと目で見て共感できる、ベーシックな手順のこと。

【平手《ひらて》】ハンデのない対局。双方がすべての駒を用いて、対等の条件で勝負すること。

【長考《ちょうこう》】長い時間をかけて次の一手を考えること。棋士の対局でもっとも長かったのは、堀口一史座《かずしざ》七段の5時間24分。

【奨励会《しょうれいかい》】日本将棋連盟のプロ棋士養成機関である「新進棋士奨励会」の略称。7級から三段までで構成され、三段リーグ上位成績2名に入ると、四段に昇格。プロ入りとなる。また三段リーグで2度の次点（成績3位）となると、フリークラスに編入することができる。

【タイトル】現在8つあり、契約金の額の順では、竜王、名人、叡《えい》王、王位、王座、棋王、王将、棋聖という序列となっている。また女流タイトルには、女王、女流王位、女流王将、倉敷藤花《とうか》、女流王座、女流名人の6つがある。

【棋士《きし》】三段リーグを勝ち抜き、四段以上になった棋士のこと。「プロ棋士」とも呼ぶ。２０１８年10月1日現在、現役棋士は１６５人いる。

【女流棋士《じょりゅうきし》】女流棋士を養成する機関「研修会」で一定の成績を挙げ、女流2級以上になった女性のこと。２０１８年10月1日現在、現役女流棋士は65人いる。

将棋がこどもの心を強くし頭を良くする50の理由《ポイント》

01

「負けました」で終わる唯一無二の競技。将棋は言い訳グセをなくす特効薬です。

将棋は「礼に始まり、礼に終わる」競技です。対局者は棋力や年齢、性別に関係なく、「三度の礼」を行なわなければなりません。

まず対局を始める際、互いに「お願いします」と言ってお辞儀をします。

対局が進んで勝敗がつくと、敗者は「負けました」と敗北を宣言して頭を下げなければなりません。敗北宣言が行なわれると、両者は「ありがとうございました」とお辞儀をして対局が終了します。

「お願いします」に始まり、「ありがとうございました」で終わるところは、剣道や柔道、高校野球と似ています。しかし2つ目の「負けました」は、将棋にしか見られない独特の儀式です。

将棋では、なぜ対局者が自ら敗北を宣言するのでしょう？

それはスポーツと異なり、審判がいない「セルフジャッジ」の競技だからです。対局者は互いにルールを守って競技を進め、**負けた側が潔く敗北を認めなければいけません。**柔道も「まいった」で決着がつく場合がありますが、すべての勝負が敗北宣言で終わるのは将棋だけです。

将棋を始めたばかりのこどもたちは、始まりの「お願いします」については短期間で言えるようになります。しかし、「負けました」と「ありがとうございました」は時間がかかります。特に「負けました」は、なかなか言えません。それもそうです。自分の負けを認めることになるのですから。

「負けました」を言うのが難しいのは、将棋の特殊性と無縁ではないと思います。

将棋には、運の要素がまったくありません。先手後手を除けば、相手と同じ条件での勝負です。つまり負けたということは、自分が相手より弱かったということ。しかも団体競技ではなく、1対1の勝負ですから、だれにも責任転嫁できません。結果を自分で受け止めるしかありません。

負けたのは、自分が弱かったから……。

そんな将棋の厳しさがこどもなりにわかっているので、負けたというだけでも悔しくて仕方がない。ましてや自分から負けを認めるのは、心底悔しいのです。

私の教室でも、最初から「負けました」を言えるこどもはほとんどいません。

そもそも将棋が終局する「詰み」は難しく、自分が負けたことに気づかない子はたくさんいます。反対に、勝ったことに気づかない子もいます。

そして負けたことは理解しても、**悔しさのあまり無言で震える子もいます。**下級生に負けた子や級が下の子に負けた子などは、悔しさをどうすることもできずにワンワン泣き出してしまう。

そんなこどもたちを、私は「負けました」だけはしっかり言えるように根気強く指導しています。それは将棋のテクニックよりも、礼儀を身につけるほうが大事だと思うからです。とはいえ、ローマは一日にして成らずです。

口を真一文字に食いしばり、悔しさに耐えているこどもに、「言わなきゃいけない言葉があるよね？」と問いかけても、反応はありません。中には「負けました」を飛ばして、早口で「ありがとうございました！」と言って済ませようとする子もいます。

こどもといっても、なあなあで済ませるのはよくありません。そこで私が「あれ？〝ありがとうございました〟の前に言う言葉がないなあ」と言うと、蚊の鳴くような声で「負けました……」。そこでも粘って「声が小さくて聞こえないなあ」と言うと、今度は投げやりな調子で「負けました〜！」と絶叫して、ついには泣きながらトイレに逃げ込んでしまう。

しかし、こどもたちは確実に成長していきます。成長の早さには個人差があるものの、泣きわめいたり、ふてくされたりしていたこどもが、やがてはしっかりとした口調で「負けました」を言えるようになります。**相手の強さを認め、負けたという事実**をこどもなりに受け止められるようになったということでしょうか。

将棋のテクニックよりも、礼儀を身につけるほうが大事。

教室を続ける中で、私はあることに気づきました。それは「負けました」を言えるようになったこどもの多くが、**言い訳をしなくなる**ということです。

将棋を始めたばかりのこどもは、負けると泣いたり、ふてくされたりするだけでなく、とにかく言い訳ばかりします。

「だって隣の子がうるさかったんだもん」

「だってお腹が痛かったんだもん」

「負けました」をちゃんと言えるようになるにつれ、明らかに「だって」が減っていく。

前述したように、**将棋は運に左右されないゲーム。**負けたのは自分が弱かったからという、将棋の厳しさを受け入れ始めたのかもしれません。

その変化は、将棋の場だけにはとどまらないようです。

「ウチの子、なにかあると言い訳ばかりしていたのに、最近しなくなったのよね」

そんなうれしい「証言」をしてくれた保護者は、決して少なくありません。

「負けました」をしっかりと言う。そのことによって、こどもたちは自分のやったことに責任を持てるようになっていくのです。

02

指し手のパターンは10の220乗！無限の選択肢が存在する将棋は、賢い選択への知恵を授けてくれます。

将棋はとても小さな世界での戦いです。

対局者は、互いの息づかいが聞こえるくらい近い距離で対峙します。2人の間には9×9マスの盤と駒台があり、8種40枚の小さな駒が入り乱れています。

みなさんは、将棋の指し手がいくつあるか知っていますか。

ある統計によると、10の220乗もあるそうです。

10の220乗！

雲をつかむような数字です。これは宇宙に存在する星の数の10倍、宇宙に存在する原子の数より大きな数だと言われています。

つまり棋士は、宇宙よりも広い世界で戦っているわけです。棋士だけではありません。私の教室でのんきに鼻歌を歌いながら、パチパチと駒を動かしているこどもたちも、実は広大な宇宙と向かい合っているのです。

無限の可能性を秘めた将棋は、常に道を選びながら玉を詰ますというゴールに向かっていくという意味で、人生と似ています。

人生は選択の連続です。
どんな学校に進学するか。
どんな仕事に就くか。
どんな街に暮らすのか。
これらは人生を左右する大きな選択ですが、こうしたものだけが選択ではありません。
日々の何気ないところでも、私たちは選択をくり返しています。
焼き魚定食にするか、それとも唐揚げ定食にするか。
くもりの日に傘を持っていくか、それとも持っていかないか。
仕事帰りにコンビニに寄るか、それとも寄らないか。

宿題を帰ってすぐにやるか、それとも夕食のあとでやるか。
これらもまた選択です。つまり私たちの人生は、数えきれないくらい多くの選択の上に成り立っています。

いい選択はいい人生を創ります。

無数の選択肢の中から最善手を選んでいく将棋には、豊かな人生を歩んでいくためのアイデアやヒント、教訓がたくさん詰まっています。仲間と楽しく勝ったり負けたりをくり返す中で、こどもたちは自然と生きていくための力を身につけていく。
膨大な可能性の中から、1つの道を選び取っていく将棋。この競技を通じて、こどもたちは変化の激しい現代社会を生き抜く知恵を培っていくのです。

まとめ

＊

人生は選択のくり返し。
最善の道を見つける力が備わる。

03

将棋を指すと礼儀作法の大切さを実感していき、一緒にいて「気持ちのいい人」に育ちます。

「先生、〇〇くんとまた指したい！」

教室にやってくるこどもたちは、そんなことを言い出します。

最初はもちろん、確実に勝てる相手と指したがる。ところが将棋が強くなっていくと、面白いことに「指したい相手」が変わっていきます。「確実に勝てる相手」の次は「仲のいい子」になり、その次は「絶対に負けたくないライバル」へと段階が上がっていく。勝つだけではなく、自分の力を出し切ることに意味がある。そういうことがわかってきた証《あかし》でしょう。

こどもはまた、**強くなるにつれて、相手にマナーを求めるようになります。**

彼らは駒を強く叩きつけたり、相手をせかしたり、「負けました」を言わなかったりする相手とは、「指したい！」とは言いません。なぜなら、対局に勝ったところで「気持ちいい時間」を過ごすことができないからです。

この時点で、彼らは礼儀作法の大切さをわかっています。ルールやマナーは守らなければ怒られるから守るのではなく、**互いに気持ちいい時間を過ごすために必要なもの。**そういうことが、こどものうちに学べるのは将棋のいいところだと思います。

世の中にはたくさんの人がいて、一緒に過ごしたい人がいれば、そうでもない人もいます。みなさんも、気持ちのいい相手と一緒に食事をしたり、ゴルフをしたり、旅行をしたいでしょう。幼いころから将棋を指すと、そんな気持ちのいい大人に育っていくのです。

まとめ

＊

一緒に楽しく指したいから
ルールやマナーを守るようになる。

04

AI時代だからこそ問われる、将棋を通じて得る「基本」の大切さ。時代の変化を生き抜くエンジンです。

ＡＩ（人工知能）が登場してきたことで、将棋の世界は劇的に様変わりしました。

将棋の世界には、４００年かけて培われてきた「定跡《じょうせき》」というものがあります。定跡とは「こうなったら、こう対応するのがいい」という「最善の手順」のこと。この定跡を無視して、将棋に強くなることはできません。

ところがＡＩは、定跡はもちろん、従来の駒の価値基準を次々と否定し始めました。たとえば、角と金では角のほうが価値があると考えられてきました。しかしＡＩは、「いいじゃないですか、角と金を交換したって」と言い出したわけです。

ＡＩは、私たちが考えてきた以上に金を評価しています。

金はもともと受けに強い駒ですが、ＡＩは玉が中央にいても、金が1枚あれば相手の攻めを十分に受けられるという可能性に気づきました。**ＡＩが金の新しい可能性を見出した**ことで、金の価値は高まりました。その結果、ときに角と金との交換が妥当なものだと考えられるようになったのです。

「なるほど、これは面白い発見だ！」

私も目からウロコが落ちましたが、ショックがなかったと言えばウソになります。

定跡や駒の価値基準は、こどものころから「これが正しい」と信じて身につけてきたもの。それが「角金交換でも十分」と言われると、自分の将棋観が否定されたような気分になります。

ＡＩが将棋の世界を大きく変えたことで「いったい、なにを信じて指せばいいんだろう……」と多くの棋士が疑心暗鬼に陥りました。

長い年月をかけて身につけてきたスタイルを変えるのは、容易ではありません。

棋士には、それぞれのスタイルがあります。ピアニストにたとえると、決まりごとが少ない即興の演奏を得意とする人がいれば、形式を重視した音楽を得意とする人がいます。

私はどちらかといえば後者。棋士の中でも形式を重んじるタイプです。ところがそんなところに、いままで耳にしたことがない自由奔放な音楽が飛び出してきました。実力と実績のあるピアニストたちは、未知との遭遇に右往左往……。これが近年の将棋界です。

私も大いに戸惑い、途方に暮れました。しかし、そこで考えたことがあります。それは、「なんでもアリ」の時代だからこそ、もう一度自分のスタイルに立ち返ることが大事ではないかということ。

AI時代の新しい将棋で勝負したら、AIに慣れ親しんでいる若い世代にはかないません。無理に相手の土俵に乗ったところで、いいことはないでしょう。ならば**慣れないことはせず、素直に自分の強みを発揮しよう。**つまり、基本に立ち返ることにしたのです。芯がブレなければ、そんなにひどいことにはならないだろうと考えています。

定跡が否定されているといっても、将棋の本質が劇的に変わったわけではありません。9×9というマス目も、8種40個という駒の数も変わりません。玉を詰ませたら勝ちというルールも不変。私が将棋を指し始めたころから、なにも変わっていません。

そんなことに気がついてからというもの、私は無理にAIに合わせることをやめました。

自らの対局をＡＩにかけて、価値判断のすり合わせをすることはあっても、自分のスタイルを貫くことにしたのです。

私は幼いころから、「これがいい」とされる基本を地道に積み上げることで棋力を高めてきました。もう一度、培った基本を信じて将棋を指そう。いまはそんな心境です。

考えてみれば、ピアノをまったく弾けなければ、クラシックもフリースタイルもありません。ピアノにも将棋にも、変わらない基本がある。その基本をしっかり身につけることで、未知のスタイルにも対応が利く。

幼いころから、**将棋を通じて基本の大切さを知る。**それは目まぐるしく変わる、いまの世界を生き抜く力につながると思います。

無理に相手の土俵に乗らず、素直に自分の強みを発揮しよう。

05

敗北の厳しさを突きつける将棋。こどもは負けるたびに号泣し、そのたびにたくましく成長します。

こどもというのは、よく泣きます。「泣く子は育つ」と言いますが、この言葉、将棋にもぴたりと当てはまります。

あの藤井聡太七段は、幼いころから天才として有名でしたが、負けると号泣するということでも知られていました。

こどもが将棋に負けて泣くのは、**負けた自分が許せないからです。**こういう子は強くなりたいという思いが強く、確実に伸びていきます。

そういえば最近、東京都内のこども将棋大会で「いい号泣」に出会いました。

私が教えている小学6年生の男子が高学年の部に出場して、決勝に進出。優勝を本命視されている子と対局しました。決勝は特設ステージでの対局。ギャラリーの視線が集中する、慣れない環境です。正直、勝つのは難しいと思いました。

ところが、彼は私の予想を裏切って大健闘します。格上の相手を追い詰め、終盤には必勝形に。私も「行ける！」と思いました。

ところが彼は、わずかな差で敗れました。必勝形になった直後に、大きなミスを犯したのです。

それは、私の教室では絶対にやらないような初歩的なミスでした。落ち着いているように見えても、そこは小学生。慣れない舞台での対局に、地に足がついていなかったのかもしれません。

負けた直後、彼は人目もはばからず号泣しました。

終局からしばらく経ち、ようやく落ち着いたころ、私は教え子にたずねました。

「おつかれさま。優勢になっていたのはわかっていた？」

すると彼は、声を絞り出すようにして、こう答えました。

「優勢だったのはわかっていたし、ミスした局面もわかります」

その答えに満足して「そうか。よくがんばりました」とねぎらうと、彼は「優勢になったので、手が伸びなくなってしまいました。自分の心に勝てなかった……」と言って、また涙を流しました。

そう、彼が泣いたのは優勝できなかった悔しさもありますが、それよりも自分に勝てなかったという思いが大きかったからなのです。

悔し涙を流す教え子を見て、私は「いいなあ」と思いました。そしてまた、「成長しているんだなあ」と思いました。

いいなあと思ったのは、大人になると負けて泣くことが、いろんな意味でできなくなってしまうからです。

私たち大人は、泣くのは恥ずかしいことだと考えています。また大人は、人生を歩む中で自分の才能の限界を知り、負けを受け入れることに慣れていく。こうなると、なかなか泣けません。負けることを素直に受け入れられる。それが大人になるということかもしれません。

大人と違って、こどもは泣けます。

自分の限界を知らず、負けることにも慣れていないので思い切り泣く。そしてまた運不運に左右されることなく、結果を1人で背負うしかない将棋は、敗者に厳しい。将棋は、ただでさえ泣き虫のこどもを容赦なく泣かせるのです。

私の教室にも、負けて泣く子はたくさんいます。そんなこどもに、私は「泣くな」とは言いません。しばらく放っておきます。**泣けるだけ泣いて、悔しさを噛みしめさせる。**そして頃合いを見て、「それじゃあ次、がんばれるよね」。必ず、次の対局に向かわせます。

負けては泣き、泣いてまた立ち上がる。

ときに、こどもを泣かせるほど負けを突きつける将棋。それは悔しさを乗り越える強さを与えてくれるのです。

藤井聡太七段は、幼いころから、負けると号泣していました。

06

自分、相手、自分の「3手思考」。グローバル時代に欠かせない他者を受け入れる広い心。

みなさんは買い物に行って、こどもとこんな会話をしたことはないでしょうか。お菓子売り場でこどもが高いお菓子を持ってきて、親にお願いしました。

「ねえねえ。これ買ってよ」

「ダーメ。こんな高いの買えるほど、ウチはお金持ちじゃないんだから」

親は即座に却下。するとこどもは次に、少し安いお気に入りのお菓子を持ってきました。

「じゃあ、これは？　これなら安いからいいでしょ？」

「しょうがないわねえ。今日だけよ」

こうして、こどもは好きなお菓子を手に入れるのです――。

このやりとりの中で、こどもは巧みな駆け引きを演じています。最初のお菓子が却下されるのは、織り込み済み。ハードルを下げて「本命」を出すことで、親を懐柔したのです。最初から「本命」を出していたら、何も買ってもらえなかったかもしれません。

こういう賢い駆け引きは、もちろんすぐにできるわけではありません。幼いこどもは、あれが欲しいこれが欲しいと言います。親に受け入れられなければ、大泣きして駄々をこねる。駆け引きもなにも、あったものではありません。

しかしこどもは、日々賢くなっていきます。頼るべき親に対して彼らは、無意識のうちに親の心を読んでいます。**こどもは空気を読む達人。**食べたいお菓子を親に買わせることなど、さほど難しいことではないのかもしれません。

お菓子をめぐる親子のやりとりは、将棋に通じるところがあります。

こどもは次のような組み立てで、お菓子を手に入れました。

こども　無理を承知でお願いする。

母　断る。

こども　ハードルを下げる。

母　受け入れる。

これは言うなればどちらも「3手の読み」。

私たち棋士も、3手の読みを基本にして将棋を組み立てています。

3手というのは「自分、相手、自分」の順。「自分がこう指したら、相手はおそらくこう出てくる。そこでこうやって有利な展開に持っていこう」という考え方です。もちろん棋士は、さらに先まで読むこともありますが、将棋には相手がいるのでかんたんではありません。どのような局面でも確実に5手先を読めたら、9割近く勝てるでしょう。

さて、将棋を始めたばかりのこどもは、最初は自分の手しか考えません。頭の中にあるのは、目の前の一手をどう指すかだけ。相手の出方はほとんど考えていません。これは「あれ買って！　これ買って！」と叫んでいるようなもの。しかしやがて、これでは勝てないということがわかってきます。

こどもは壁にぶつかるたびに成長します。

「指したい手ばかり指していては勝てない」

そのことに気づいたこどもは、相手のことを考えるようになります。

相手はどんな性格で、どんな将棋を指し、そしていま、何を考えているのか……。自分オンリーだった頭の中に、相手が加わりました。これだけでも大きな進歩です。相手の出方を考えながら3手を読み、有利な形を作っていく。これを私は「3手思考」と呼んでいます。人と人とのコミュニケーションや勝負ごとなど、**実は世の中は3手思考だらけです。**何気ない日常会話やメールのやりとりもそう。

知り合いの大学教授が嘆いていましたが、若い世代は3手思考が苦手になっているようです。相手の事情などお構いなしに自分の言いたいことばかり言って、まったくコミュニケーションが成立しない。こういうタイプの学生が増えたそうです。

「先日の映画、ぼくはこんなふうに思ったけれど、きみはどう思った？」

「指したい手ばかりでは勝てない」と気づくと相手のことを考えるようになる。

「ぼくの感想はちょっと違って、こう思ったんだ」

「なるほど、たしかにそういう考え方もできるね。ということはつまり……」

この会話では、どちらも相手の意見をしっかりと受け止めたうえで、自分の意見を語っています。こうした会話なら理解が深まり、得るものも多いでしょう。

しかし、近年は次のような会話が多いそうです。

「いやあ、面白い映画だった！」

「そう？ ぼくはつまらなかったね」

「ふーん、そうなんだ」

以上。どちらも一方通行で、相手のことを考えていません。相手の意見を引き出そうともしていない。こうした会話からは、学びや気づきはほとんど得られないでしょう。

私の教室には、言いたいことだけ言って終わりという子はほとんどいません。最初はそうでも、将棋を指すことで自然と頭の中に相手を描けるようになるからです。将棋を指すことでこどもは想像力が豊かになり、**広い心で相手を受け入れられるようになって、だれとでも会話が成り立つ。**これは、多様な価値観が求められるグローバル時代に大切な資質だと思います。

07

将棋は審判がいない「セルフジャッジ」の競技。だからこそ自主性が育まれます。

スポーツの試合と違って、将棋の対局には審判がいません。

将棋は審判なしで進められる「セルフジャッジ」の競技。対局者がルールやマナーを守ることを前提として成り立っています。

しかし、こどもたちは対局に集中し過ぎて、周りが見えなくなってしまうことがよくあります。「ぼくの番だ！」「違う！　ぼくの番だ！」ともめることは日常茶飯事。

こどもの将棋にトラブルはつきもの。とはいえ、徐々に減っていきます。成長するにつれて周りが見えるようになり、**自然とルールやマナーを守れるようになる**からです。

「ぼくの番だ！」と騒いでいた子も、ちゃんと指している子を見るうちに「これではいけないんだ」ということがわかってくる。

こどものころから将棋を指すことは、「セルフジャッジ」の感覚を身につける意味でとてもいいことだと思います。

少年時代の私は、放課後に空き地や校庭で野球をやったり、鬼ごっこをしたりして、日が暮れるまで遊び回っていました。自分たちでルールを作り、「アウトだ！」「セーフだ！」、「ズルい！」「ズルじゃない！」などと大騒ぎしながら遊びました。いま振り返ると、こういうところで自然とセルフジャッジの感覚を身につけていたと思います。

当時と比べると、いまのこどもはこども同士で遊ぶ機会が減っています。少子化が進んでいるので遊び相手が減り、また習いごとがあるので、日が暮れるまで遊んでいられません。その結果、携帯ゲームの普及もあって1人で遊ぶ子が増えています。

こうなると自分たちで工夫してゲームを編み出したり、**もめごとを自分たちで解決する機会**は減っていきます。

こどもが自由に遊べない窮屈な現代、こどものころから将棋を指す意味は大きいと思います。こども同士で将棋を指すことによって、ルールやマナーを守る心が育まれる。ルールを守れなかった子が、いつしか守れるようになり、大騒ぎしている年下の子に「いまのはダメだよ」などと注意したりするようになる。セルフジャッジの競技だからこそ、こどもたちは成長していく。

そういうことがわかり始めて、私は教室で大勢のこどもを教えるときも、ある程度こどもたちの自主性に任せるようになりました。あれをしなさいこれをしなさい、あれはダメこれはダメなどとガミガミ言わず、ある程度はこどもたちに任せる。そうするとこどもは**自分たちで考えて動くようになる。**

セルフジャッジとは、対局者にすべてが委ねられるということ。信頼されることで、こどもたちは大人になっていくのです。

ちゃんと指している子を見るうちに「これではいけないんだ」とわかる。

08

序盤は「囲い」、中盤は「駒得」、終盤は「スピード」。局面への対応でTPO感覚が磨かれます。

将棋という競技は序盤、中盤、終盤と、**3つの大きな局面**に分けられます。

序盤では居飛車か振り飛車かを決め、その後、玉を囲います。それが終わったら、駒を前に進めて攻めていきます。

そして互いの駒がぶつかったところから、戦いは中盤に突入。駒を取ったり取られたりする中盤は、かなり複雑な形になりますが、ここでも大切なことは決まっています。まず、歩の交換から始めて持ち駒を作り、銀や飛車を前に進め、相手の駒を取って自軍の戦力を増やしていく。そして相手陣内に「成り駒」を作っていく。

序盤や中盤とは違い、終盤は「ここからが終盤」という明確な線引きはありません。王手がかかる、もしくは玉の囲いが攻められたあたりから、終盤になったと考えていいかと思います。

終盤でもっとも大切になるのは「スピード」です。相手の攻めを巧みにかわしながら、最短距離で相手の玉を詰ましにいく。スリリングな攻防です。

このように将棋は、序盤、中盤、終盤と**局面が変わるたびに、重視するポイントが変わります。**つまり、将棋に取り組むうちに、物事の優先順位を判断できるようになり、自然と頭の中を切り替えられるようになる。

いま、いちばん大事なことは何か——。

めまぐるしく状況が変わる将棋は、TPOを学ぶ最適なテキストなのです。

まとめ

＊

状況に応じた優先順位が見極められるようになる。

09

情報化社会は「高速道路」。創意工夫なしでは勝てない将棋がオリジナリティを育みます。

将棋界の第一人者である羽生善治竜王が残した、印象深い言葉があります。

「現代は情報化が進み、将棋が強くなる方法論も昔と比べて格段に進歩をした。だから、高速道路に乗るようにあるレベルまでは猛スピードで到達してしまう。しかし、そこからは同じような高いレベルの人達がたくさんいて、後ろからも新しい人がやって来て、中々抜け出す事が出来ない大渋滞が起こっているのではないか」

これは、2006年刊行の『ウェブ進化論』（梅田望夫・著／ちくま新書）に出てきた一節です。羽生竜王の言葉は、**「情報化社会の本質」**を的確に言い当てています。

私たちはいま、情報の洪水の中を生きています。ネットの発達によって、知りたい情報をすばやく手に入れることができる。そのことで、すべてのジャンルが成熟の一途をたどっています。

たとえば料理。ハンバーグを作ろうと思ったら、料理サイトのレシピを見て調理をすれば、それなりにおいしいものを作ることができる。少なくとも大失敗はしないでしょう。

世の中に膨大な情報があふれているいま、あらゆるジャンルで、ハンバーグと同じことが起きています。つまり、だれでもさほど時間をかけずに一定のレベルに達することができる。羽生竜王は、そういうことが言いたいのです。

将棋も例外ではありません。

ＡＩの普及によって、センスのある若手は短期間で高いレベルに到達するようになりました。しかし、**情報はみんなのもの。独り占めすることはできません。**だれかがいいものを見つけたら、それはまたたく間に広まっていき、将棋界全体がレベルアップする。

羽生竜王が「高速道路」にたとえたように、情報化社会のいまは多くの人が高いレベルに達するようになりました。つまり、勝負は高速道路を降りてから。そこには多くのライバルがひしめいていて、その集団から抜け出すのは至難の業となっています。

ハンバーグもそう。自分や家族で食べるぶんには、ネットのレシピで十分においしいものができるでしょう。しかしレストランを開いてハンバーグを出すとなったら、話は変わってきます。だれもが再現できる味ではなく、「この店でしか食べられない」味を追求しなければ、店は繁盛しないでしょう。

日進月歩で進化する情報化社会の将棋は、教わったことをやるだけで勝てるほど甘いものではありません。こどもたちは「整備された高速道路だけ走っても勝てない」ということを知り、自分なりの努力や工夫を始めます。そこから、**オリジナリティや知恵が芽生えていく。**それは厳しい競争を勝ち抜く、かけがえのない財産となるはずです。

まとめ

＊

ひしめくライバルたちとの競争を勝ち抜く肝は「人と違うことをやる」。

10 負けても人として成長できるのが将棋の魅力。実社会を生き抜く「人間力」が養われます。

私がこども将棋教室を始めたのは、いまから10年前のこと。当時まだ少なかった現役棋士によるこども教室を始めたのは、次のような理由があります。

2018年秋公開の、『泣き虫しょったんの奇跡』という映画が話題となりました。これは年齢制限によって奨励会を退会し、一度は会社員となった瀬川晶司・現五段が、史上初めてプロ編入試験に合格して棋士となるまでの物語。実は私は、このプロ編入試験の試験官、つまり対局者を務めています。注目の対局に私は敗れ、瀬川さんは晴れて棋士となりました。しかし、敗れた私のショックは大きかった。正直、心が折れました。

「このままではいけない。強くなるために、何か新しいことを始めなければ……」

ここからこども将棋教室が始まったのです。

教室を始めたころ、私はこどもを強くすることだけを考えていました。しかし、考えを大きく変えさせられた出来事がありました。

教え子の1人が大会に出ることになり、私は「これをやれば勝てるぞ」と、ある戦法を授けました。彼は私の指示を忠実に守り、快調に勝ち進んで賞状をもらいました。この結果に私は、「よし、これが正しいんだ」と満足していました。

それからしばらくして、私はあることに気づきました。大会で結果を出した戦法を、その子がほとんど指していないのです。

「どうして、あの戦法をやらないの？　賞状をもらったのに」

すると教え子は、あっけらかんとした顔で言いました。

「だって、**こっちのほうが楽しいもん。**大会でも、実はこっちを指したかったんだよね」

私は自分が情けなくなりました。「こどものために」と言いながら、自己満足のために将棋を教えていたことに気づかされたのです。

私はなんのために将棋を指すのか、もう一度、考え直しました。

こどもたちは勝ったり負けたりをくり返しながら、たくましく成長していました。負けても泣かなくなり、「負けました」が言えるようになって、気づけば自分の意見が言えるようになっていく。負けながら成長するこどもを見て、私は考えをあらためました。「勝つことがすべてじゃない。もっとも大切なことは、将棋を楽しむことなんだ」と。

将棋は、**盤をはさんだ人と人とのコミュニケーション。**この時間の中で、こどもたちは礼儀作法やマナー、思考力や対応力、やさしさや勇気、1人でやりきる力とさまざまな能力を身につけていく。それは「人間力」としか表現しようがないもの。教科書からは学べないものです。それは、偏差値だけがすべてではない、価値観が多様化した現代社会を生きる若者たちにもっとも求められる資質かもしれません。

まとめ

＊

教え子に気づかされた「勝利よりも楽しむこと」。

11　将棋は「個の力」より「組織力」。1人で指す競技なのに、「チームワーク」の大切さが学べます。

将棋は1人で戦う孤独な競技。追い込まれて逃げたくなっても、だれにも助けてもらえません。その一方でだれにも気をつかわず、自分の好きなように指すことができます。しかし、そんな将棋から「チームワークの大切さを学べる」と書いたら、みなさんは驚くかもしれません。

将棋の対局では、対局者1人に8種20枚の駒が振り分けられます。これはスポーツにも似ています。野球では9人、サッカーでは11人、バスケットボールなら5人と、チームの人数が決まっています。

しかし当たり前のことですが、将棋はスポーツではありません。

たとえばサッカーは1チーム11人で戦いますが、人数は同じでも選手の能力はまちまちです。メッシやクリスティアーノ・ロナウドのような1人で勝負を決めてしまうスーパースターがいる一方で、決定力のないストライカーもいます。落ち着きがあって頼もしいキーパーがいれば、ミスの多いキーパーもいます。

将棋には、そうした個人能力の差がいっさいありません。

駒の枚数も能力も配置も、対局開始時はすべて同じ。駒そのものを比較すると飛車と角の能力が非常に高く、メッシやロナウドに置き換えられるかもしれません。しかし、これも両者に均等に配分されます。つまり将棋は、**公平性が非常に高いゲーム**なのです。

戦力が均等ではないスポーツでは、1人の活躍がチームを勝利に導くケースが多々あり

組織力を生かすカギが「数的優位」。守る相手より、攻め駒を1枚多く。

ます。サッカーでは1人がハットトリックを決めて、劣勢のチームを勝たせることがありますし、野球でもエースが完璧な投球を見せて相手を封じ込めてしまうことがあります。

将棋では、そうした勝ち方はほとんどできません。飛車や角はたしかに能力が高いですが、その駒だけでは、歩、銀、金といった駒にすぐに動きをブロックされてしまいます。

つまり将棋は、特定の駒の力だけで勝てるゲームではありません。「個の力」より「組織力」。そう、みんなの力で勝たなければいけないのです。

組織力を生かすうえでカギとなるのが「数的優位」。攻める際、守る相手より、攻め駒を1枚多くしなければいけません。同数では必ず負けてしまいます。飛車や角のような強い駒も、サッカーのドリブルのように1枚で何枚も相手の駒を抜いていくことはできません。

この数的優位を作るときに重要になってくるのが、歩です。歩は前に1マスしか動けませんが、盤上にいちばんたくさんあります。この**歩を上手く利用して数的優位を作っていく**のが、将棋の基本です。

小さな駒もムダにせず、数的優位をみんなで力を合わせて作っていく。この地道な作業の中から、自然とチームワークの心が養われていくのです。

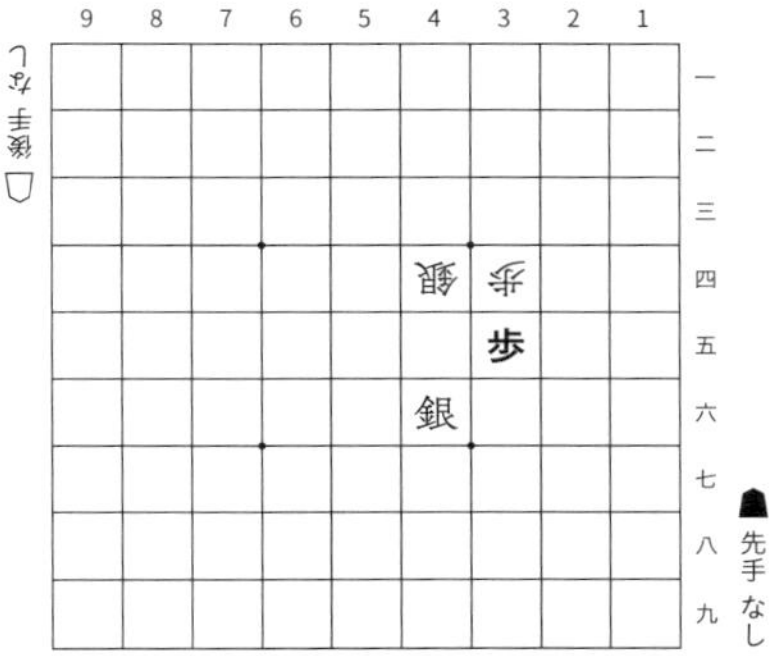

同数の場合

攻める駒、2枚。

守る駒、2枚。

∨

攻め・守りが同じ数は、

守りの駒が残って、

攻めが失敗。

＊差した手が太字

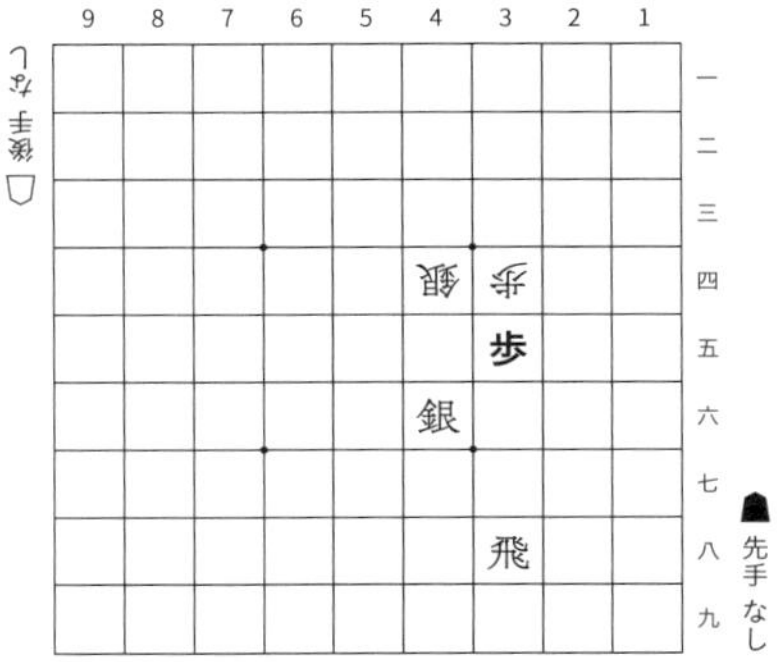

数的優位の場合

攻める駒、3枚。

守る駒、2枚。

∨

今度は攻めの駒が

最後に残る。

守る駒＋1が成功の条件。

12 駒が入り組む広い盤面を「3×3」の9分割して考える。部分から解決の糸口が。

将棋では、視野を確保することが大切です。たくさんの駒が入り乱れる9×9マスの盤面を隅々まで見渡すことは、こどもにはかんたんではありません。しかも盤面に加えて、持ち駒を置く駒台も視野に入れなければいけません。

将棋を始めたばかりのこどもは、自分や相手が動かした駒の周辺にどうしても目が行ってしまいます。それは悪いことではありませんが、ポイントとなる局面にしっかりと集中しながらも、**広い視野を持たなければいけない。**このバランスが難しい。

そもそもこどもは落ち着きがないので、私は「さあ、集中するぞ！」とよく言います。すると、「集中」だけに意識が向き、将棋を考える力が削られ、ミスが出てしまう。そこで今度は「広く見なさい」と指導すると、今度はどこがポイントなのかわからなくなってしまう。私も少年時代に経験した悩みです。

この課題をクリアするために、私は盤面を9分割することにしました。9×9マスの盤面を3×3マスに9分割して、ポイントとなるブロックにしっかりと集中する。その次に飛車や角に注意しながら、徐々に視野を広げていく。

この**「3×3作戦」**。実は、羽生善治竜王が提唱する方法。羽生竜王ですら一度で局面全体を把握するのは難しく、順位をつけて考える範囲を広げています。

小さなところから、少しずつ視野を広げていく。これが将棋の考え方。そのことによって気づきが得られ、複雑な問題も解決の糸口がつかめるようになるのです。

まとめ

＊

「集中と俯瞰」を両立させるための「細分化と順序」。

13

1つのスタイルを徹底して体得。そこからこどもは自信をつけ、世界が大きく広がっていきます。

将棋の教え方は人それぞれ、もちろん教室や道場によってもカラーが違います。

私の指導に特徴があるとすれば、**「一点集中主義」**ということでしょうか。

基本を1つ取り出して、徹底して教え込む。たとえば振り飛車を指す子には、振り飛車の基本的な囲いである美濃囲いを徹底して教えます。まず飛車を左に動かして美濃囲いが完成したら、攻めの銀を前へ。このように1つずつマスターして、最後まで将棋が指せるようにしてあげます。

一点集中主義では、いま説明した振り飛車、美濃囲いしかできないということになります。しかし私は、それでいいと考えています。

将棋を始めたばかりの子は、将棋のイロハもわかりません。そういう子にたくさんの囲いを教えたところで、混乱するだけ。囲いで立ち止まっていたら、いつまで経っても対局できるようにはなりません。対局ができなければ、将棋がつまらなくなってしまいます。

学び始めは手を広げるより、絞ったほうがいいのです。

四間飛車や美濃囲いを教えるとき、私はよくこどもが好きな料理について話します。カレーライスが好きな子には、「これはカレーを作っているのと同じことだよ。何度も何度もカレーを作れば、おいしいカレーが作れるようになって、そこからいろんな種類のカレーを作れるようになるんだから」などと言い聞かせます。そうすると、最初はわけがわからなくても、こどもは集中して盤面に向かってくれます。

1つのことを確実にできるようにする理由は、こどもに「基準」を持ってほしいからです。美濃囲いをマスターすれば、それが守りの基準となり、ほかの囲いもスムーズに習得できる。基準があってこそ、応用が利くということです。

また最初に身につけた戦法は、困ったときに立ち返る拠りどころにもなります。

私は幼いころ、親に買ってもらった指導書で棒銀を徹底的に学びました。当時は、どんな意味があるのかよくわからないまま駒を並べていましたが、それが私の「将棋の核」となりました。あれから40年近く経ったいまも、棒銀はいちばん好きな戦術です。

私が最初に身につけた棒銀は、私の基準となるだけでなく、「得意技」となりました。

「ぼくは棒銀が使えるんだ」

この自信は、私を大きく成長させてくれました。

こどもは1つのスタイルを身につけると自信をつけます。**自信はこどもにとって、かけがえのない栄養です。**自信をつけたことで将棋がどんどん好きになり、貪欲に学ぶ姿勢が出てきます。そこから自然に、世界が大きく広がっていくのです。

まとめ

＊

最初はあれこれ手を出さずに基礎を1つ固める。

14

足踏みしたらそのあと急成長が。苦しみを乗り越えた経験は長い人生の土台になります。

私は時折、教室に来る教え子が無性にうらやましくなります。

こどもたちは何かきっかけをつかむと、大きく飛躍します。そのときの伸びがびっくりするほど大きい。

これは大人には見られない現象です。

大人は成長するにしても時間がかかります。上がっては下がり、下がっては上がりのくり返し。長い目で見れば成長していても、時間がかかってじれったい。ところがこどもは、**グンと垂直方向に跳ね上がる。**しかも、突然。

「いいよなあ。あんなに伸びたら、将棋が面白くて仕方ないだろうな」

そう思って、ちょっとした嫉妬を覚えるのです。

こどもはなぜ、急に成長するのでしょうか。

はっきりとした答えは、私にもわかりません。しかし、こどもが持つ鋭い感性が関係している気がします。

将棋を始めて間もないこどもは、戦術がよくわかっていないこともあって、好きなように手を進めようとします。しかし当然、すぐに壁にぶち当たります。

そこで私が「玉の囲い方」などの初歩的な戦術を教えると、「なーんだ。これでいいんだ！」と、すぐにコツをつかんで上達していく。あっという間に次のレベルに行ってしまう。私は教室で、そんな場面に何度となく出くわしてきました。

この現象は、自転車に乗ることに通じているかもしれません。

こどもはあるとき突然、自転車に乗れるようになります。親に後ろで支えてもらって、右へ左へとふらふらしながらペダルを漕いでいたこどもが、次の瞬間、親の手を借りなくても漕げるようになる。

みなさんもそうだったと思います。そして一度、自転車が漕げるようになったら、二度と忘れることはありません。

こどもは**難しいことを考えず、感性で物事を捉えようとする**ため、それまでできなかったことが、あるときパッとできるようになる。それが将棋でも起こるわけです。

ところが大人になると、こうした現象が起こらなくなってしまう。それは理屈で物事を捉えようとするからだと思います。理屈が感性をジャマして、体が素直に動いてくれないのです。

10年間、将棋教室を主宰してきた私の経験では、「垂直成長」は停滞のあとにやってきます。つまり、壁に当たってもがいているときは成長の大チャンス。「壁を乗り越えたらいいことがある」という将棋での成功体験は、人生で足踏みしたときの大きな励みになると思います。

こどもは突然、垂直方向に跳ね上がる。これは大人には見られない現象です。

15 「待つのも将棋のうちだから」。待つことから芽生える相手への思いやり。

将棋は1対1の勝負です。自分が指したら相手が指す。相手が指したら自分が指す。互いに1手ずつ積み重ねていきます。

この中には、必ず「待つ」時間があります。自分が指したら、相手が指すまで待たなければいけません。

つまり将棋は、待ち時間がとても長い競技。待ち時間を有意義に使うことが、勝利への条件。**勝つも負けるも待ち時間の過ごし方次第**、そう言っても過言ではありません。

しかしこどもたちは、この待つことが上手くできません。

こどもたちは基本的に大人よりも早く指します。相手が指し終わらないうちに、すかさず指そうとすることもあり、盤上で手がぶつかることも珍しくありません。こういうときはお互い深く考えていなくて、手だけが動いているケースも多いのですが。

こども同士の対局は、早くて3分で終わってしまうこともあります。しかし、勝負どころにさしかかると、さすがのこどもも考え込みます。そんなとき、黙って待てないこどもは少なくありません。

姿勢が崩れて、身体をくねくねさせながら周りをキョロキョロ。お隣さんとしゃべり始めたり、席を立って歩き回る子もいます。

個人的な印象ですが、**最近のこどもは待つことが苦手なようです。**

昔に比べて、こどもたちはじっくり調べて答えを出したり、失敗をくり返しながら成功に近づくという地道な作業をしなくなりました。

わからないこと、知りたいことがあると、パソコンやスマホで調べればすぐに答えが出る。海外のスポーツはライブで見られ、ゲームだってちょっと失敗したら、リセットボタンを押してやり直す。欲しいものがあったら、コンビニに行けばいい。そこは24時間営業で、たいていのものがそろっています。

世の中が便利になったことで、待つ、我慢するといったことができなくなっているのです。大人でさえ待てなくなっているのですから、こどもが待てないのは当然です。

待つことができないこどもたちは、相手が考え始めたとたん、イライラします。「ちょっと、早くやってよ」と露骨に催促する子もいます。

しかしあるとき、ちょっといい場面に遭遇しました。

相手の長考（といっても3分ほど）に我慢できなくなった子が、不機嫌な顔つきで「早くやってよ」と言いました。すると自分の対局が終わり、その子の対局を見守っていた年上の子がこう言ったのです。

「待つのも将棋のうちだから」

それはピシャリと叱るというのではなく、**諭《さと》すようなやさしい口ぶりでした。**

ちなみにこの言葉は、待てないこどもに私がよく言い聞かせるフレーズで、年上の子もかつて何度も言われていました。

「待つのも将棋のうちだから」という言葉でわからない子には、私は次のように言い聞かせています。

「将棋は1人じゃできないよね。相手がいなきゃ楽しめないってこと、いつも忘れないようにしようね」

年長の子は、私が口酸っぱく言い聞かせたメッセージを理解してくれたのでしょう。

将棋がそうであるように、人生には「待ち時間」がたくさんあります。

メールの返事を待つのもそうですし、電車が遅れて待ち合わせに遅れた友だちを待ってあげるのもそう。居酒屋でビールを頼むときも（わずか1、2分かもしれませんが）、待たなければいけません。

人生、上手く待ちたいもの。相手なしでは成り立たない将棋をやることで、こどもは相手を思いやるようになり、待つことができるようになるのです。

世の中が便利になったことで、
待つ、我慢する、ができなくなった。

16 「知育玩具」でもある将棋。バーチャルではない駒に触れてこどもの五感が刺激されます。

和服を着た棋士が畳の間に正座して、黙々と駒を指す……。

将棋はちょっと古風な競技です。

膨大な情報が飛び交う現代社会、私たちはアプリを通じて将棋を楽しむようになりました。教室や道場に足を運ばなくても将棋を楽しむことができる、とても便利な時代です。

このような時代だからこそ私は、**実際に盤に駒を並べる意味がある**のだと考えています。盤上で駒を動かす「クラシックな将棋」と、パソコンやスマホを介する「バーチャル将棋」は別ものです。

クラシックな将棋には、たしかな手触りがあります。重みがあって立体感もあり、盤に指すと音が鳴る。「パチッ」ときれいな音が鳴ると、それだけでこどもはテンションが上がります。これはバーチャル将棋にはないもの。幼いこどもは、パズルや積み木で遊びながら五感を発達させていきますが、将棋にもそうした**「知育玩具」の側面**があるのです。

教室のこどもたちは時間より早くやってくると、1人で駒を並べて遊び始めます。山崩しをしたり、駒倒しをしたり。そこに仲間が加わって、遊びが変化していく。私も少年時代、よく駒を並べて遊びました。

駒遊びは棋力とは直接関係がありません。しかし、対局だけが将棋ではありません。何気ない駒遊びの中でこどもは感覚を発達させ、無数の情報を吸収する。また親子や兄弟での駒遊びは、家族のコミュニケーションツールとしてもお勧めです。

まとめ

＊

何気ない駒遊びの中で感じる、手触り、重み、立体感。

17

「スコアボード」のない将棋。常に自分の足もとを見て進む習慣が身につきます。

私は、「将棋は難しい競技」だと思っています。

では、どんなところが難しいのか。

まず、駒によって異なる動き方を覚えなければいけません。

取った相手の駒を好きなときに使えるため、変化の形が無数にあります。

また成駒というルールがあるため、駒の能力が変わります。

さらには最後に玉を詰ましたほうが勝つので、大逆転が多い。

このように難しいところがたくさんあります。

私がこどもたちを指導していて**難しいと思うのは、「形勢判断」**です。対局中に、自分が有利なのか不利なのかがわからない。大人でも陥りやすい落とし穴です。

将棋では形勢判断が難しい。これはスポーツと比較すると明らかです。

野球では、イニングごとに点数が表示されるので、勝っているのか負けているのかがわかります。アウトカウントやボールカウントといった目安もあります。

水泳やマラソンも、前にいる人ほど有利だということがわかります。

点数があまり入らないサッカーは、攻めていても負けることも少なくないので、どちらが有利かわかりにくい。とはいえ、得点経過はわかります。

このようにスポーツでは、形勢判断はそれほど難しくはありません。終盤に負けていたら反撃に転じなければいけません。勝っていたら、守備を固めて逃げ切りを図ればいい。形勢判断ができることで、そのときどきにやるべきことが見えてくる。

しかし、将棋にはスコアボードがないのです。**対局中に自分が有利なのか不利なのかがよくわからない。**有利だと思っていても、どのくらい有利かがわからない。

それでも形勢判断の基準がないわけではありません。

玉の囲いがしっかりとできているかどうか。

駒の損得で得をしているか。

自分の駒がちゃんと役割を果たしているか。

これらができていて、次の手番が自分であれば局面を有利に運ぶことができます。

こうした基準があると言っても、それでもやはり将棋の形勢判断は難しいものがあります。しかし、それだけに将棋を指すと形勢判断への意識が確実に高まります。

これはとてもいいことだと思います。というのも人生には、就職活動や恋愛など無数の「ゲーム」や「レース」があり、その多くで、自ら形勢判断するしかないからです。

「いまの自分は、どのくらいの位置にいるのだろう。何をすればいいのだろう」

途中経過の出ない将棋を指すことで、**常に自分の足もとを見て進む**ようになるのです。

まとめ
＊
自分で形勢判断することで置かれた状況をふまえて考えるクセがつく。

18

飛車は100、金は60、歩は5。駒の損得をくり返す将棋を通じて、正しい金銭感覚が身につきます。

8種類ある将棋の駒にはそれぞれに価値があり、棋士はそれを数値化して、頭の中で損得を計算しています。この数値は、棋士によって微妙に異なります。というのも、棋士それぞれにスタイルがあり、重視する駒が違うからです。

ちなみに私は次のような数値で、こどもたちに駒の価値を教えています。

飛車100、角95、金60、銀55、桂馬30、香車20、歩5。

それではここで問題です。対局者は最初に何点持っているでしょう。

正解は570点。

キリの悪い数字にしたのは、そのほうが計算力が鍛えられると考えたからです。小学校低学年のこどもには、ちょっと難しいかもしれません。

駒の数値をお金のように考えると、こどもは実感が得られるようです。

歩は5円玉、金は60円玉、飛車は100円玉……。

つまり将棋は、570円のお小遣いを持って旅をするような競技。最終目標は相手の玉を詰ますことですが、中盤ではお金を増やすことが大切です。たくさんお金を持っているほうが、最終的な詰みの局面で有利になるからです。

香と引き換えに角を取って大儲けしたり、そうかと思えば金をただで取られて大損したり。また、歩が「と金」に成ることで、急に小遣いが増えたりする。**こういうところは金融にも似ています。**

こどもたちはこうした駒の損得をくり返しながら、自分の小遣いがいくらあるのかを頭の中で計算します。そして互いの小遣いを比べて、自分と相手のどちらがどれくらい有利なのか分析しながら対局を進めていきます。

将棋は計算。この競技に1年、2年と取り組んでいくと、こどもは徐々に複雑な計算ができるようになり、計算速度も上がります。つまり、情報処理能力が格段に上がる。これも将棋の大きな効能と言えるでしょう。

養われるのは、情報処理能力だけではありません。金銭感覚も身につきます。

こどもは攻めたくて仕方がないので、少ない持ち駒で強引に相手の玉を詰ましにいき、墓穴を掘るケースが多々あります。あっという間に駒が切れて逆に追い詰められてしまう。

これは、お金がないのに高い買い物をして、あとで苦しい思いをする経験にも似ています。痛い経験を何度もすることで、こどもは**無謀なことをしなくなり、冷静な判断が下せるようになる。**

駒の損得が勝敗を分ける将棋。この競技を通じて、こどもは計算が得意になり、正しい金銭感覚を身につけていくのです。

まとめ

＊ 頭の中で具体的に数値化をして情報処理能力UP。

19 「今朝、何を食べてきたっけ？」。過去への振り返りが、このあと進むべき道を教えてくれる。

将棋界でよく使われる言葉に、「大局観」があります。この言葉自体はみなさんも耳にしたことがあるでしょう。

大局観は言語的には広い意味がありますが、私たち棋士の立場から言い表わすなら**「先を見通す力」**ということになるでしょう。あるいは、ものごとを**「俯瞰する力」**と言ってもいいと思います。

棋士は、この「大局観」と「読み」の2つを駆使しながら対局を行なっています。将棋は選択をくり返す競技。自分の手番では、たくさんある分かれ道の中からベストを選んでいかなければいけません。これが読み。分岐点に立って、どっちに進めばいいか考えているイメージです。

若いほど深く読める「読み」とは違って、大局観は経験によって身につく傾向があります。将棋だけではなく、たくさんの人生経験を積むことによって、**ものごとの流れが見えるようになる**からです。スポーツでもベテランになるほど「流れが見える」ようになりますが、これもまた大局観と言っていいでしょう。

将棋界では大局観を「明るい」「暗い」と表現しますが、歴代の棋士の中でも抜群に大局観に明るかった棋士がいます。中原誠十六世名人、私の師匠です。私たちが頭を抱えてしまう難解な局面を見て、ひと目で「本筋」がわかる。これは難攻不落と呼ばれる山を見上げて、すぐさま登頂ルートがわかるようなもの。

「こんなにこんがらがった状況なのに、どうして本筋がわかるのだろう」

そんなふうに驚かされることが何度もありました。

当然ですが、こどもたちは大局観を備えていません。

将棋は難しい競技なので、目の前の一手一手を指すのに必死。遠い先のことまで考える余裕がありません。仮に余裕があったとしても、将棋でも人生でも経験が少ないため、先を見通すことはほとんどできません。

そんなこどもたちに、私は「盤面を俯瞰して考えなさい」などとは言いません。そんなことを言われたところで、こどもはなんのことだかわからないでしょう。

対局中、こどもはしばしば手が止まってしまいます。

たとえば飛車を左に振って、いつものように美濃囲いを作り始めました。しかしそこで、手が止まってしまいました。強敵を相手にしてプレッシャーを感じて、頭の中がパニックになっているのかもしれません。

そんなこどもに、私はこんなふうに問いかけます。

「いままで、どんな手を指してきたか思い出してごらん」

するとこどもは、次のように記憶をたどっていきます。

初めに歩を上げて、飛車を左に動かした。それまで飛車がいたところに、玉を移動させ、銀を上げて美濃囲いを完成させたから、もう、そこは見なくてもいいのか……。

そこから、「そうか、守備の形が固まったわけだから、今度は攻めればいいのか」という指針が浮かび上がってくる。こうした**シンプルな考え方も大局観と言える**のではないでしょうか。

この考え方を身につけてもらおうと、私はしばしばこどもたちに、その日にやったことをたずねています。

「今日、朝ごはんに何食べた？　パンだった？　どんなパンだったの？」

「この教室に来るまでに、どんな道を通ってきた？　だれと一緒に何で来たの？　タクシー？　バス？　自転車？　それとも歩き？」

少し前の自分を振り返ってもらうことで、将棋でも自分がどんな手を指してきたか思い出させるようにしているのです。

過去を振り返ることで現況がわかり、そこから未来へのビジョンを組み立てていく。これは将棋に限らず、**人生に行き詰まったときに役に立つ思考法**ではないでしょうか。

大局観は「先を見通す力」、ものごとを「俯瞰する力」。

20
手をひざに置いて指す手を決める。ちょっと先の未来を頭に描いて、賢い選択をする訓練です。

将棋を始めたばかりのこどもは、礼儀作法やルール、マナーをなかなか守れません。複数の駒を触ってしまったり、駒がマス目にきちんと入っていないため横のマスにズレてしまう……。**こどもの対局で見られる「あるある」**です。

金を持って「ここに指そうかな……。あれ？　ここだと取られちゃうぞ。それなら右にしようか……」。迷い箸のように駒を回して、ようやく決めるかと思いきや「金、や～めた。銀にしよっと」今度は銀を持って同じようにクルクルやる。

さすがに教室での対局では厳格に反則を取りませんが、大会によっては反則負けにされても文句は言えません。

「がんばって将棋をやってるのに、そんなことで負けになったらつまらないよね」

私はそんなふうに言って聞かせますが、言葉だけで直るものではありません。

もちろん、こどもたちは好きで反則を犯しているわけではありません。わかっているのにやめられない、というのが正直なところだと思います。

人間は考えごとをするとき、無意識のうちに身体を動かしたくなるものです。

私たち棋士も例外ではありません。私は無意識のうちにひざの上で手を小刻みに動かしているようです。上半身や首をゆっくりと揺らす棋士もいます。扇子を手に対局に臨む棋士も多いですが、あれもそう。扇子を回したり、広げたり閉じたりしながらリズムを取る。そうすることで脳内が活性化されるようです。

こどもが手を指すとき、あちこちに駒を置こうとするのは、自分の指す手を自分の目で見たいからです。自分の目で見ないことには安心できない。しかし、これは許されていません。つまり将棋では、頭の中で手を決めて潔く指さなければいけません。これはかんたんなことではありません。盤上の複雑な局面を頭の中に描いて、その中で手を指さなければならないからです。

私たち棋士は、いつもそれをやっています。頭の中に盤があり、その中には複雑な局面が描かれています。そして、その中では自由に駒を動かすことができる。

「こう指したら、相手がこう反応するだろうから、次はこうしてみようか……」

頭の中に描かれた盤上の駒が、先へ先へと切り替わっていく。棋士であればだれもが持つ能力です。

さて、悪いクセが直らない子に、私がいつも言うことがあります。

「指す手が決まっていないのに駒を持っちゃダメ。決まるまでは、手はひざの上に！」

これは、教室でいちばん口にしている言葉かもしれません。

「手をひざに！」としつこく言い続けるのは、手で駒を動かしていると、いつまで経っても**頭の中に盤を描くことができないからです。**それでも悪いクセがついている子は、自然と手が駒に伸びてしまいます。そこで私はもう一度「手はひざ！」と注意します。粘り強く注意を繰り返して、手をひざに置く回数を増やしていくしかありません。少し強引ですが、体で覚えさせるのです。

こういうことを続けていくと、ムダに手が動くことが少しずつ減っていきます。手で触って確かめられないとなると、頭の中で考えるしかありません。そうして少しずつ脳内に盤が描けるようになっていく。

頭の中にちょっと先の未来を描いて、行動を決める。私たちの日常生活は、そのくり返しかもしれません。

お昼どき、定食屋に入ってメニューを見ます。焼き魚定食もおいしそうだし、生姜焼き定食も捨てがたい。いやいや、ニラレバ定食もいいかも……。こんなふうに迷うことはよくありますが、3品すべてを注文して味見をして決めることはできません。限られた時間の中で頭の中で想像力を働かせて決めなければなりません。

駒に触らず、頭の中で指す手を決める。

将棋を指すということは、**ちょっと先の未来を描いて賢く選択をする訓練**なのです。

あちこちに駒を置こうとするのは指す手を自分の目で見たいから。

21

強くなるほど、たくさん負ける。勝ったり負けたりのくり返しで世間の広さを知り謙虚になります。

将棋を指すと、こどもは謙虚になります。1年、2年と続けていくうちに、それが加速していく。10年間こどもたちを見守り続けてきた、私が保証します。

もちろん、こどもたちは最初から謙虚なわけではありません。

将棋を覚えたばかりのこどもは血気盛んで、勝ちたくて仕方がない。しかも根拠がないのに、自信だけはあったりする。

ですから、「おまえには絶対に負けないからな!」と友だちを挑発したり、勝った瞬間「ありがとうございます」のあいさつなんてどこへやら、「やった! やった!」と飛び跳ねたりする。正直困ったものですが、これがこども。最初から礼儀作法ができていたら、そのほうが不自然かもしれません。

そんなやんちゃなこどもたちが謙虚になるのは、**将棋を指すということ自体が「負けを重ねること」を意味する**からです。

どんなに強い子でも、教室や道場で勝ちっぱなしということは、まずありません。調子がいいときはあるにせよ、基本的には勝ったり負けたり。それをくり返すうちにこどもたちは強くなり、強くなると今度は相手も強くなるので、また勝ったり負けたりがくり返される。そうやって険しい坂道を登っていく。これが将棋が強くなる道。これ以外の道はありません。

大会もシビアです。たくさんのこどもが出場して、優勝するのは1人だけ。つまり1人

棋士になる人は、たくさん負けてきた人たちの集まりです。

を除けば、みんなどこかで必ず負ける。敗者として大会を去ることになる。負けることが怖かったら、将棋をやめるしかありません。

こどもたちはたくさんの敗北を味わいながら強くなり、謙虚になっていきます。強くなるほど、**世の中には自分より強い人がいることを痛感する。**こうなると鼻高々ではいられません。謙虚になるしかないのです。

棋士になる人は、神童や天才などと呼ばれてきた人ばかりです。しかし私も含めて、たくさん負けてきた人たちの集まりと言っても決して過言ではありません。

不世出の大棋士、羽生竜王はタイトル獲得通算99期。実績を見ると勝ちっぱなしのように思えますが、棋士になってから579敗（2018年10月1日現在）と、多大な敗戦を喫してもいるのです。もちろん羽生竜王は対局数が多いので、負け数も当然多くなる。しかし、あれだけ勝っている棋士でも、10回対局すれば少なくとも3回は負けます。羽生竜王もやはり、負けながら強くなったのです。

将棋を指すと謙虚になります。**強くなるほど謙虚になり、いい大人になっていく。**

そんな成長こそが、「たくさん負けたのによく続けてきたね」という、将棋の神様からの贈りものかもしれません。

22

強い駒でも先に手を出すと取られることを知り、感情に走らず慎重に考えるように。

将棋を始めたばかりのこどもは、前へ前へと勢い良く駒を進めていこうとします。特に、動きが派手な飛車や角、さらには金や銀を前に出す傾向があります。これは武将自らが先頭に立って、敵陣に斬り込んでいくイメージ。その心意気は見上げたものです。

しかし将棋は、強い駒を前に出せば勝てるほど単純ではありません。むしろ、そうすることで墓穴を掘ってしまうことが多い。

ご存知の通り、将棋の駒には序列があります。総大将である玉は別格として、最上位に君臨するのが飛車、次に角、さらに金銀桂香と来て最下層はもちろん歩。しかし、ここが将棋の面白いところで、**強い駒がいつも弱い駒に勝てるわけではありません。**

相手の駒が利いているところに、自分の駒を指す、また持ち駒を打つことを「駒をぶつける」と言います。

ところがこのとき、やっかいなのが歩。金や銀はもちろんのこと、飛車や角といった強い駒でも歩にぶつけると、取られて大きな損となってしまう。勢いに任せて強い駒を押し出していっても、歩の餌食となり、上手くいかないのです。一方、受けのことを考えれば、いちばん弱い歩で飛車の攻めも防ぐことができる。こうなるとこどもたちは、「ちょっと待てよ……」と考えるようになります。

本当に強い駒とはなにか？　損をしないための戦略は？

将棋を通して、こどもたちは**ものごとを慎重に考えられるようになっていく**のです。

まとめ

＊ **単純な駒の強さよりも戦略が大事と体感する。**

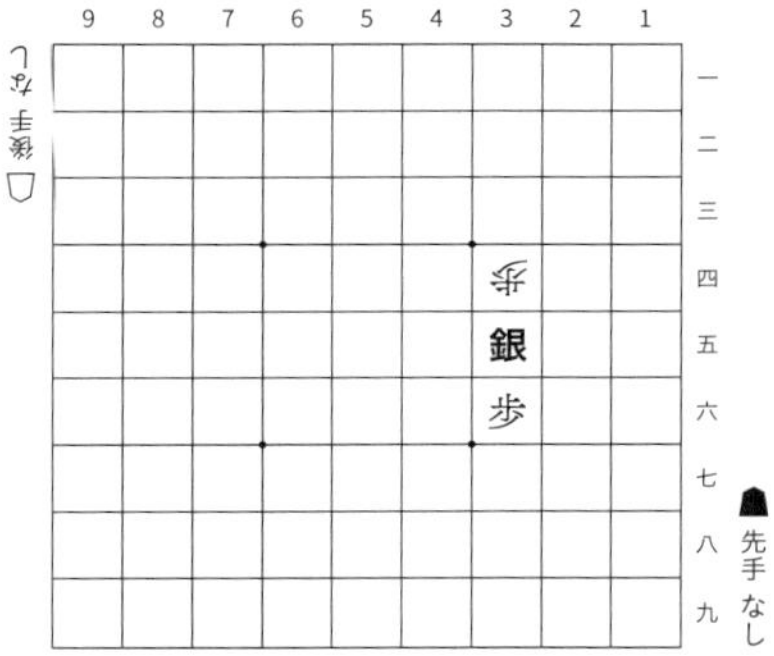

強い駒をぶつける

歩より強い銀を、

相手の歩にぶつける。

∨

歩で取られ⇒

歩で取り返すも、

銀と歩の交換で損。

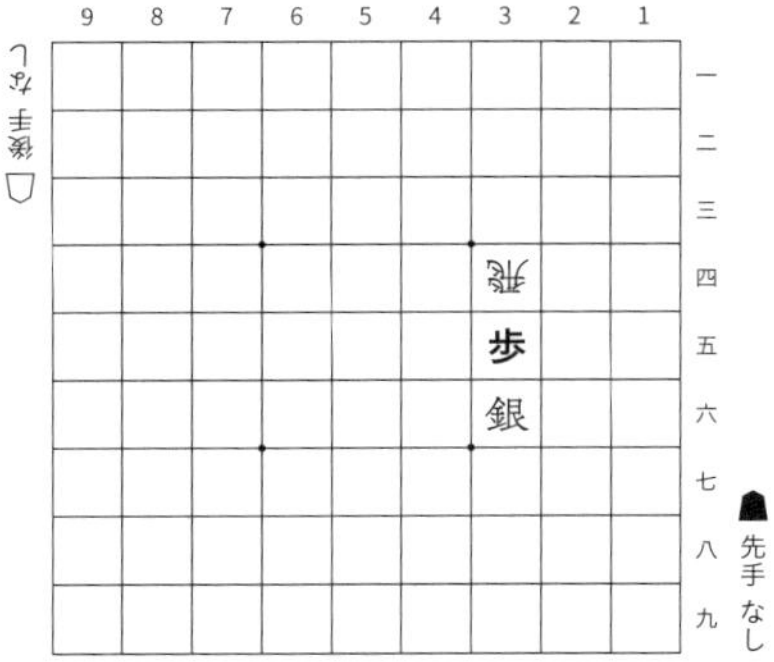

弱い駒で受ける

飛車の攻めを

歩（３五）で受ける。

∨

銀を支えに、

いちばん小さな歩で

飛車をストップ。

23

便利になり過ぎた現代だからこそ、すぐには答えが出ない、人間くさい将棋の意味があります。

江戸時代からの伝統を誇る将棋が、この10年ほどで大きく様変わりしました。戦術が革新的に進化し、また若い世代や女性のファンが急増しています。

将棋の可能性を広げたもの、それはＡＩ、さらにはパソコンやスマホなどです。

ＡＩはわずか数年で、棋士の実力を超えました。ＡＩによって戦術は日々更新され、すでに私たち棋士の研究に欠かせないものとなっています。

またアプリを通じて、いつでもどこでもだれとでも将棋が指せるようになりました。これによって将棋界全体のレベルが上がるだけでなく、コミュニケーションツールとしての将棋の魅力が再認識されています。田舎のおじいちゃんと都会に住む孫が一緒に将棋を指す。将棋は距離や世代を超えて、人々の楽しみとなっています。すでに一部で行なわれているＡＩを使っての指導対局も、近い将来、一般的になるでしょう。

将棋はスマホ時代の波に乗り、大きく飛躍しました。

私は、こういう時代だからこそ、**「昔から変わらない将棋」がより大きな意味を持ってきた**と考えています。

古くからの将棋。それは、人と人とが盤をはさんで対局するということ。

スマホの登場によって、私たちのコミュニケーションの形は大きく変わりました。スマホ１つで、世界じゅうの人たちとすぐにつながることができる。またスマホには時計、財布、テレビ、カメラ、本、映画、ゲームといった多種多様な機能があり、これさえあれば１人でいても退屈することはありません。

私たちの生活を快適にし、世界を大きく広げてくれたスマホ。しかし、いいことばかりとは限りません。

スマホの中にはありとあらゆる情報があります。それはそれでいいことですが、視野が広がるどころか狭くなる恐れもあります。というのも、情報を選ぶのは自分。つまり私たちは無意識のうちに、自分にとって心地いい情報だけを選んでいるかもしれません。また「友だち」は増えても、SNSを通じたコミュニケーションばかりになり、実際の人付き合いが苦手になるケースもあるようです。

こんな時代だからこそ私は、人間くさい将棋はいいものだと感じています。

将棋は「言葉を交わさない対話」です。私たちは将棋を指すことで相手を知ります。

「やっぱり、そう来たか。そこは自分と同じなんだな」

「なんだこの手は。いったい、どんな狙いがあるんだ?」

将棋には性格や人生観が如実に表われます。

私たちは**将棋を通じて相手を知り、そのことによって自分を深く知る**ようになる。つまり、将棋を指すことによって自分の世界が広がり、深まっていく。

将棋には、ちょっとやっかいで、面倒くさいところもあります。

このゲームには相手がいるので、いつも自分の思い通りになるとは限りません。

体調が悪くて、実力を出せないときもある。

思わぬミスをして、へこむときもあるでしょう。

そして絶対に負けたくない相手に「負けました」と言って頭を下げる。これほど悔しいことはありません。

だからこそ将棋は面白い。


将棋は運不運のない論理のゲーム。しかし、それを指すのは人間です。自分の悪いところが出るかもしれませんが、いいところが出て強い相手に勝てるかもしれない。ときには、周りの物音がいっさい耳に入らないくらい将棋に没頭することもあるでしょう。勝ちも負けもない無の境地。それは**実際の対局でしか得られない貴重な体験**です。

便利になり過ぎた時代を生きる私たちに、将棋は多くのことを教えてくれます。将棋を通じて学んだことは、必ずこどもの人生の糧となる。私はそう確信しているのです。


将棋は「言葉を交わさない対話」。

将棋を指すことで相手を知ります。

24

将棋を指しても偏差値が上がるとは限りません。しかしもっと大事な「知恵」が備わります。

「将棋をする子は勉強ができる」

将棋には、そんなイメージがあるようです。

「こどもの学力がグングン上がって、やがて一流大学に受かりますように……」

実際、そんな思いでこどもを教室や道場に通わせる親は少なくありません。

中学や高校の将棋部の強豪校には、開成、麻布、灘など東大合格者を多数輩出する学校が多いのは事実です。しかし私は、将棋をすれば偏差値が上がるとは考えていません。

学力向上を目的にこどもに将棋を勧める親には、次のように説明しています。

「将棋教室は将棋を学ぶところであって、**勉強をするところではありません。**学力を上げようと思ったら、家や塾で勉強するほうがよっぽどいいと思いますよ」
私もこどものころ、道場や自宅で将棋に明け暮れていましたが、その時間と情熱をそのまま勉強に注入していたら、試験でいい点数が取れていたでしょう。**将棋に打ち込んで向上するのは、あくまでも棋力です。**

先に述べたように、将棋の強豪校には有名進学校が多い。こうした中学、高校が日本一になることで、父兄の多くが「やっぱり将棋をすると賢くなるんだ」と思うようですが、残念ながらこれは見当違い。

有名進学校には必ずと言っていいほど将棋部があるので、進学校が勝つ確率が高い。「将棋を指すと勉強ができるようになる」というより、「将棋をやる子に頭の良い子が多い」

頭を使って目の前の問題を解決。その経験と自信は人生で役立つ。

ということなのです。こうした学校は小中高、または中高一貫教育が多いので、長く将棋を続けられ、また上級生から教えてもらえるというアドバンテージも見逃せません。

とはいえ、全国大会ではいつも名だたる進学校が勝っているわけではありません。このことからも、将棋を指すと勉強ができるようになるわけではないこと、また、学力に秀でていなくても将棋に勝つことができることがわかってもらえると思います。

こんなことを言うと、お父さんやお母さんは少しがっかりします。しかし私は、次のようにも付け加えています。

「学力向上は保証できませんが、将棋を指せばいいことがたくさんありますよ」

まず、将棋は相手と1対1でやり取りする競技なので、相手への思いやりの心が芽生え、コミュニケーション能力も高まります。また自分で考え、答えを出していく競技なので考える力も養われる。もちろん、礼儀作法も身につきます。

そして将棋がなによりいいのは、「知恵」がつくというところではないでしょうか。**頭を使って目の前の問題を解決する。**その経験と自信は、これからの人生のさまざまな場面で役立つはずです。それは、学力向上よりもよっぽど意味があることだと思います。

25

親の助けを借りずに最初から最後まで1人でやり抜く。将棋は「ひとり旅」の予行演習です。

人生で初めてひとり旅をする。

親もとを離れて、ひとり暮らしを始める。

みなさんにも、そんな経験があると思います。ドキドキ、ワクワク、不安と興奮が入り混じった不思議な感覚。いまでも覚えているでしょう。

こどもの将棋は、実は初めてのひとり旅やひとり暮らしに似ています。

こどもは1人では生きられません。親に守られて、日々を過ごしています。

朝起こしてくれるのも、食事を作ってくれるのも、洗濯をしてくれるのも、塾の送り迎えをしてくれるのも、部屋の片付けをしてくれるのも、すべて親。あれしなさいこれしなさいと小言を言われつつ、親を頼って生きていると言えるのです。

そんなこどもにとって、将棋は特別な体験です。

将棋を指すときは1人。最初から最後まで、**だれの助けも借りずに自分でやり切らなければいけません。**スポーツも似たところがありますが、コーチの助言、親の声援がある。団体競技になると頼もしいチームメイトがついています。

つまり将棋は、ひとり旅、ひとり暮らしの予行演習と言っても大げさではないのです。

席について「お願いします」と相手に一礼する。この瞬間から、ひとり旅が始まります。

居飛車にする？　それとも振り飛車にする？

美濃囲いにする？　矢倉にする？　それとも穴熊？

時間がなくなってきた……どうしよう……どう指せばいい？

初めて大会に出たこどもは、多くが実力を出し切れません。

席についても不安そうに周りを見渡して、親や先生の姿を探します。選択に迷っても助言はなく、凡ミスをしても慰めや激励はありません。相手に攻め込まれて、つい泣きそうになる子も。これでは相手との駆け引きどころではありません。

初めてのひとり旅も似たようなものです。電車に乗っても、行き先が正しいか不安で仕方ありません。かといって、だれかにたずねる勇気などありません。知らない街の知らない道を歩くのも不安で、景色を楽しむ余裕はない。やがて、お腹が空いてきました。でも、１人でお店に入る度胸もない。結局、空腹のまま家路につくことに……。

しかし、なにごとも経験です。将棋をすることで、こどもは１人で決断して、１人で行動できるようになります。ありえないようなミスをしても、無様に負けても、将棋に臨むだけで、こどもはたくましく成長します。

そう、こどもにとって**将棋は初めての冒険なのです。**

まとめ

＊

社会に出てもっとも重要な事柄は「自立と自活」。

26

「歩のない将棋は負け将棋」。歩の大切さを知って小さなものを大切にするようになる。

読者のみなさんに質問です。将棋には8種40枚の駒がありますが、その中でもっとも価値の低い駒はどれでしょう。

将棋を指さない人でも、これはすぐに答えられるでしょう。

答えは歩。1マスしか動けず、そのうえ、数もたくさんあるからです。

実際にこどもは、飛車や角はものすごく大切にしますが、歩はいい加減に扱ったりします。相手から取っても喜びませんし、逆に取られて悔しがることもありません。

しかし言うまでもありませんが、**歩はとても大切です。**歩があることで戦術の幅は格段に広がる。歩があるとないとでは大違いなのです。

たとえば敵から飛車や角で攻められたとき、持ち駒に歩がなければ、価値の高い駒で「合い駒」しなければいけません。歩を合い駒にすることで、大きな駒損をしなくて済みます。それだけではありません。歩を持つことで、「継ぎ歩」や「垂れ歩」といった攻めが可能になります。また基本テクニックを意味する「手筋」でも、歩がからまないものはほとんどありません。

終盤の詰めにおいても、歩が1枚足りなくて詰め切れなかった、守り切れなかったというケースがよくあります。これは私たち棋士も、よく経験すること。肝心なところで歩が切れて、悔しい思いをしたことは一度や二度ではありません。

「潜在能力」の高さも、歩の大きな魅力です。

玉と金を除く6種の駒は、敵陣に入ると「成る」ことができます。飛車は龍になり、角は馬になります。銀桂香も金と同じ能力になりますが、歩が「と金」になるほどの大出世ではありません。動く場所が1マスから6マスへ。つまり、能力が6倍になる。これほど使える駒はないでしょう。

こうした歩の価値を言い表わした、とてもいい格言があります。

「歩のない将棋は負け将棋」

将棋が徐々にわかってくると、こどもたちは歩を大切に扱うようになります。

これは一見、価値のなさそうなものに価値を見出すということ。また、ものを大切にする心が育まれているわけです。

飛車や角といった「スター」ばかりでは、将棋は戦えません。地道に働く歩がいるからこそ、大駒が活躍できる。そしてときには歩が大出世して、勝負を決める働きをする。

世の中も同じです。スターばかりが注目されますが、**持ち場を守って地道に働く人がいなければ世の中は回りません。**そんな無名の人が、あるとき大活躍することもある――。

小さな歩は、そんな大切なことをこどもたちに教えてくれるのです。

まとめ

＊

目立たないものや
地道に働く人へのリスペクトが芽生える。

27

選択肢だらけの将棋で培われる「読まない力」が、情報洪水の現代での生き方を教えてくれます。

将棋には、常に数多くの選択肢が存在します。これを1つひとつ吟味していては、一手指すだけで時間がかかってしまいます。では限られた時間の中で、棋士はどうやって手を選んでいるのでしょう。

私たち棋士はよく、「記憶力が抜群にいい」「先を読む力に優れている」などと評されます。たしかに一般の方と比べると、そうした傾向はあるかもしれません。

しかし、記憶力や先を読む力をフル稼働して手を選んでいるという実感は、少なくとも私にはありません。むしろ、**棋士が優れているのは「読まない力」**だと考えています。

将棋は序盤、中盤、終盤という局面ごとに踏むべき手順がある程度は決まっていて、それに従って手を進めていけば、自ずとやるべきことが決まってきます。つまり、選択肢のすべてを読む必要はなくなります。

たとえば、序盤は次のような流れがあります。

まず、飛車の位置を決める。これには2通りあり、飛車を動かさずに駒組みを決めることを「居飛車」、左に動かす形を「振り飛車」と言います。

飛車の位置を決めたら、必然的に玉の位置も決まります。玉と飛車は離して使うのがセオリー。居飛車の場合は玉を左側に、振り飛車の場合は右側に動かします。

玉と飛車を離すのはなぜか。これには次のような理由があります。

飛車は駒の中で最大の攻撃力を備えています。一方の玉は最後の砦。つまり守りです。飛車は玉の近くにいると、守備陣に吸収されて持ち前の攻撃力を生かせません。これはサッカーにたとえると、ストライカーが自陣の最終ラインにいるようなもの。相手は怖くありません。飛車は守備陣から引き離して、存分に攻撃力を生かすのがいいのです。

飛車の位置を決め、玉の位置も決まりました。次は玉を囲わなければなりません。美濃囲い、矢倉、穴熊など、囲いにはいくつかの種類がありますが、ここにもセオリーがあります。囲いは基本「金2枚と銀1枚」で作るということ。

玉を囲ったところで、序盤の駒組みは完了。これによって攻守の役割分担も終わりました。盤を左右2つに折ると、玉の囲いがあるサイドが守備、飛車があるサイドが攻撃。

ここから飛車のいる攻撃陣が、相手陣内に向かって攻めていきます――。

踏むべき手順やセオリーがあるということは、やることが決まっているということ。やるべきことが決まっているということは、そこだけを考えればいいということ。それ以外は考える必要がありません。

そう、手順やセオリーを知っていれば、**考えなくてもいいところで頭を悩ませる必要がなくなる**のです。

序盤の手順に話を戻すと、玉の囲いが終わったら守りの駒はしばらく触る必要がありま

棋士が優れているのは「読まない力」だと考えています。

せん。逆サイドにいる駒を使って、攻撃に神経を集中すればいい。つまり盤の半分だけ見ればいいということになります。焦点が絞られることで深く読むことが可能になります。序盤は比較的シンプルで、中盤、終盤になると戦局はかなり複雑になります。それでも局面ごとに手順やセオリーがあり、それが選択肢を絞る手助けになるのです。

将棋は一見複雑で、わけがわかりません。この競技を始めたばかりの人は、あまりにも多くの選択肢があることに驚き、途方に暮れてしまいます。しかし、どんな競技にも手順やセオリーがあります。それらを知るとやるべきことが見えてきます。**すべての選択肢を読まなくていい**、ということがわかってきます。

いまの世の中には、情報があふれています。たとえばダイエットをしようと思ってネットを見ると無数の方法が出てきますが、それらに対する意見もまた果てしなく出てくる。真偽不明のものも多く、何かがわかるというより、わからなくなってしまうことが多々あります。

選択肢だらけの将棋も、手順やセオリーを知れば考えるポイントがくっきりと見えてきます。この経験は、情報化社会を賢く生きていく糧になるはずです。

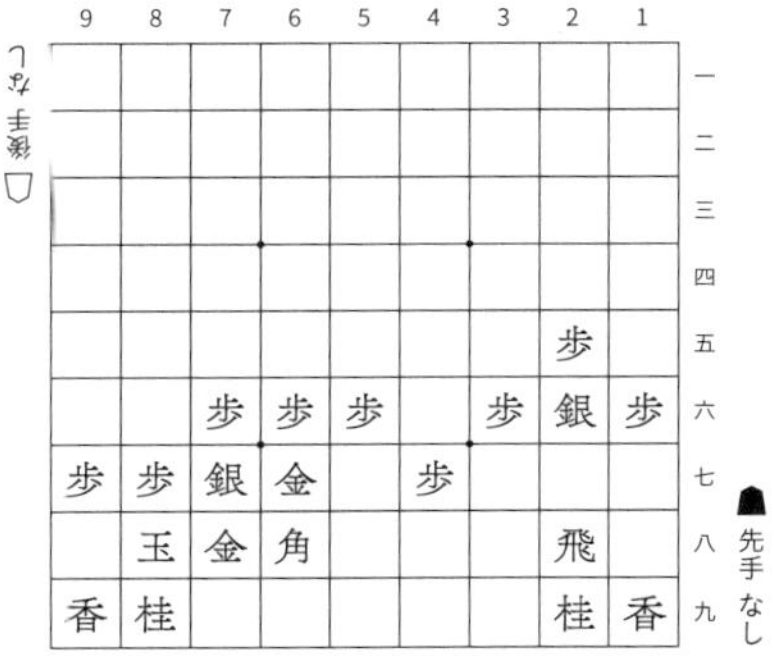

居飛車の例

居飛車の代表

「矢倉囲い」。

右側が攻めの

陣地となる。

歩→銀→飛車

が良い形に。

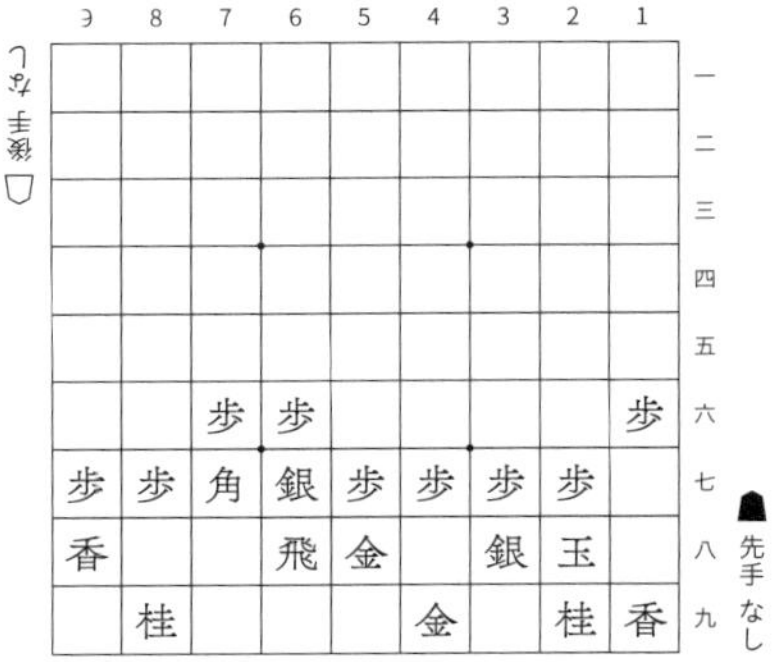

振り飛車の例

振り飛車の代表

「四間飛車」。

囲いは「美濃囲い」。

「金2枚+銀1枚」

で守っている。

左側が攻めの陣地。

28

自分の得は相手の損、自分の損は相手の得。相手を察する力が自然に養われます。

73ページでも触れたように、将棋の駒にはそれぞれに価値があり、棋士たちはそれを数値化しています。私も教室のこどもたちに、「対局するときは最初に570円持っていて、それを増やしていくと勝利に近づけるよ」と教えています。

ですから、こどもは中盤になると、必死に相手の駒を取ろうとします。いちばん価値がある飛車を取ろうものなら、「100円増えたよ！」といって大喜び。反対に飛車を取られると、「100円なくしちゃった……」としょんぼりします。

しかし駒の損得を計算するうえで、多くのこどもが気づかない大事なことがあります。それは自分の得は相手の損になり、反対に自分の損は相手の得になるということ。

ですから、初歩的なミスで飛車を取られてしまった子に、「いまね、100円なくしちゃったでしょ？　なくした100円は相手に入ったんだよ。ということは、相手と200円も差がついたんだよ」と教えても、最初はよくわかってくれません。しかし、あるとき突然それがわかり、「あ！」とかわいい驚きを見せる。

1対1で戦う将棋は、相対的な競技。つまり、相手との関係が大事です。自分が増えれば相手が減り、自分が減れば相手が増える。こうした自分と相手の間を行き来する感覚が、こどもには新鮮なのです。

自分は相手次第、相手もまた自分次第。将棋を通じて培われる相対的な感覚によって、こどもは自然と**相手を察する力**を身につけていくのです。

まとめ

＊

自分と相手の行き来＝相対的な感覚に、こどもは驚きを見せる。

29
家づくり、生き物係、アイスクリーム。駒や戦法を「擬人化」するだけで難解な将棋が楽しくなってきます。

将棋を始めたばかりのこどもたちにとって、この競技はかなり難解なものに思えるかもしれません。

まず盤の前に座っていることは退屈ですし、駒の名前の読み方や動かし方を覚えることもかんたんではありません。日ごろ慣れ親しんでいる携帯ゲームに比べると、正直とっつきにくいと思います。

そんな難解な将棋に親しみを感じてもらおうと、私が教室でやっていることがあります。それは**「置き換え」**、**もしくは「擬人化」**です。

たとえば、対局では序盤に玉を囲いますが、私はこれを「家づくり」と呼んでいます。

「将棋は王様を取られたら終わり。だからまず最初は、王様が安心して住むことができる家をつくらなきゃいけないんだよ」

こうやって説明すると、こどもたちも「ああ、そうか」と思って囲い作りに興味を示してくれます。せっかくいい囲いを作ったのに、誤って自分で壊してしまったら「ああ、家の壁がなくなっちゃったよ」と言う。そうすると、こどもは慌てて直そうとします。

8種類の駒を擬人化することも、よくやっています。

たとえば、こどもは学校のクラスで係を任されているので、**駒を係に見立ててみようと提案する。**そうするとこどもたちは、自由な発想で駒に役目を与えていきます。

いまの小学校には、私の時代にはなかった面白い係があるようです。

桂馬は馬だから「生き物係」。

金はいつも王様の近くにいるから「手伝い係」。

たくさんある歩は教室の机に見えるらしく「席替え係」。

こんな感じで、こどもたちは好きなように係を決めていきます。

また、動き方を何かの形に見立てるということも、よくやります。角はバッテン、金はスティックタイプのアイスクリーム、もしくは卓球のラケットなどなど。

将棋を教える方々の中には、こうした擬人化や置き換えについて否定的な人がいますが、私はいいことだと考えています。こどもにとって大事なことは、将棋を楽しむということ。駒や戦法を身近なものに置き換えると、将棋への親しみがわくからです。

ちなみに私は、擬人化や置き換えのアイデアをこちらからは提案しません。係でも動物でも、こどもたちに自由に決めてもらいます。というのは、だれかに言われて覚えるよりも、**自分が決めたほうが覚えが早く、将棋がより面白くなる**からです。

擬人化や置き換えは、難しい将棋を面白くするテクニック。勉強にも「置き換え」られるのではないでしょうか。

まとめ

＊

身近な物に似ていると気づくと「ああ、そうか」と興味がわく。

30

将棋はリーダーになる準備。駒を通じて「適材適所」と「組み合わせの妙」を学べます。

将棋を指す中でこどもは、駒を通じて人にもそれぞれにキャラクターがあり、どんな人にも「輝ける場所」があるということを学んでいきます。

多くのこどもはスポーツが好きですが、たとえば野球では守備位置や打順を監督やコーチが決めていきます。つまりこどもは、グラウンドでプレーするだけ（それだけでも楽しいわけですが）。

しかし、将棋は違います。8種20枚の駒の働き場所を、自分で自由に決めることができる。つまり、こどもは将棋を指すことで**「人事」や「用兵」の醍醐味と難しさを味わう**ことができるのです。

駒にはそれぞれ得手不得手があり、また力を出せるポジションとそうではないポジションがあります。

たとえば金は、自陣の最下段に置くと無類の安定感を発揮します。前と左右と斜め前、つまりは接する5つのマスのすべてに利いているからです。しかし、そんな金にも活躍できない場所がある。敵陣の最上段です。そこに打つと接する5つのマスのうち、左右と真後ろの3マスにしか動けません。せっかく打っても効果が薄く、下手をすると相手に取られてしまいます。これではもったいない。

失敗をくり返しながらこどもたちは金の使い方を学び、やがて最上段には打たないようになります。これは**「適材適所」がわかってきた証**です。

駒にはそれぞれに適材適所があると同時に、「組み合わせの妙」もあります。

将棋には、古くから伝えられる格言が数多くあります。

たとえば「金底の歩、岩よりも堅し」。

これは自陣二段目の金の下に歩を打つと、非常に守りが堅くなることを意味します。特に飛車の横からの攻めに強い形です。

もう1つ、「玉飛車接近すべからず」という格言も。

これは、大事な駒が近いところにあると、王手飛車取りをかけられるなどのリスクが高いことを意味します。「金底の歩」とは逆の意味合いであり、玉と飛車は極力近くに置かないほうがいいというわけです。

駒それぞれの適材適所がわかってくると、次に、いい組み合わせと悪い組み合わせがわかってきます。個人から組織へと、視野が徐々に広がっていく。

こどもは将棋を通じて、適材適所や組み合わせの妙を学び、そこからチームの作り方を考えられるようになります。これは、**実際の社会で人を動かし組織を作る疑似体験**と言っても過言ではありません。

こどもたちは駒を動かしながら、リーダーになる準備をしているのです。

将棋を指すことで「人事」や「用兵」の醍醐味と難しさを味わうことができる。

31 根気、想像力、空間認識能力……。奥深さを秘めた「詰将棋」はこどもの無限の可能性を引き出します。

将棋のポピュラーな練習法に「詰将棋」があります。これは「詰み」のパターンを覚えるためのトレーニング。詰将棋を数多く解くことで、「終盤力」が磨かれます。

詰将棋は基本的に1人でやるものなので、**1人で考える訓練**になります。その中で自然と根気が養われていく。

初心者でも1手詰めはわかりやすく、それができるようになると3手、5手、7手と問題が複雑になっていきます。将棋は難解なイメージがありますが、詰将棋は必ず1つの答えがあるという点でわかりやすい。また棋力の向上が実感できるので励みになります。

詰将棋で培われるのは、根気強さだけではありません。

詰将棋は**先を読んでいく競技**なので、頭の中に自分が指して相手の玉が逃げていく絵が自然と浮かぶようになります。つまり、想像力が養われる。

またいくつかの手数を踏んで玉を捕まえる作業の中で、「空間認識能力」も引き出されます。空間認識能力とは、物体が空間に占めている状態や関係を、すばやく正確に把握して認識する能力のこと。紙に描かれた地図を見て、その地形の構造をイメージする能力、また狙ったところにボールを当てたり、空中を飛んでくるボールをキャッチする能力が空間認識能力に相当します。

根気、想像力、空間認識能力……。奥深い可能性を秘めた詰将棋。この競技の面白さを、ぜひとも体験してほしいと思います。

まとめ

＊ **頭の中に先の状態が絵として浮かぶことで想像力が養われる。**

32

落ち着いて座っていられなかった子が将棋を始めて姿勢が良くなり、勉強に集中できるように。

将棋を始めたばかりのこどもの多くは、ある問題に直面します。それは「座っていられない問題」。小学校低学年の子には、盤の前に落ち着いて座っていることができない子がいます。

将棋教室の中には、私たち棋士のように畳に正座というところもありますが、多くの教室ではイスに座って将棋を指します。

「正座じゃなければ大丈夫ですね」と言う父兄もいますが、初めのうちは5分、10分でも落ち着いて座っていられない子がいます。

私の教室も、例外ではありません。急に立ち上がって友だちのところに行ったり、お隣さんとしゃべっていたり、イスの上にひざを立てたり。きれいな姿勢で座れる子はほとんどいません。

長く座るという経験が少ないうえに、始めたばかりの将棋はチンプンカンプン。すぐにイヤになって、モゾモゾと動きたくなってしまう。いや、**無意識のうちに身体が動き出してしまう。**こどもですから無理もありません。

そんなこどもたちに、私は「座る」ということを根気強く指導しています。

歩き回っている子には「はい、戻ってね」。しゃべっている子には「あれ？　将棋はどうしちゃったの？」。黙って座っていられるようになった子でも、姿勢が崩れていたら声をかけるようにしています。

私語も減り背筋がピンと立ってくる。目に見えて姿勢が変わってくるのです。

これだけで疲れてしまうこともありますが、とにかく座ってもらえなければ将棋にはなりません。

しかし、こどもは徐々にでも成長します。最初は3分と座っていられなかった子が、しっかりと座っていられるようになり、私語も減って、やがて背筋がピンと立ってくる。目に見えて姿勢が変わってくるのです。

これにはお父さんやお母さんが驚きます。

「勉強しなさいと言っても、まったく聞かなかった息子が、落ち着いて勉強机に座っていられるようになったんです」

そんな「喜びの声」を聞いたのは、一度や二度ではありません。

いい姿勢は、将棋の上達には欠かせない要素です。将棋教室をやっていると、ときどき盤に向かってピタリと止まっていられるこどもがいます。こういう子は、他のこどもに比べて格段に早く上達します。

見た目の姿勢は心の姿勢。

しっかりと座っていられるということは、将棋に深く集中できているのです。

33

勝てなくても、がんばるポイントが将棋にはたくさんある。だからこそ、結果がすべてではないことが学べます。

こどもには向き不向きがあります。すべてのこどもが、将棋に熱中できるわけではありません。駒の動かし方を覚えられずに挫折したり、勝てなくなってやがて教室に来なくなってしまう子もいます。

もちろん私は、みんなが将棋をやる必要はないと思っています。スポーツでもいいし、勉強でもいい。何か1つ熱中できるものがあれば、それで十分だと思います。

教室を長く続けているうちに、わかったことがあります。それは**勝ち負けにしか興味がない子は長続きしない**ということです。

そういう子は勝っている間はノリノリですが、負けが込むと熱が冷めてしまう。

そうなってしまうのもわかります。

将棋は玉を詰ますか、詰まされるかの勝負。大人であれば「今日はいつもより上手く駒組みができた」というふうに、結果以外のところに意味を見出すこともできますが、こどもはそこまで考えが及びません。結果がすべて。負けると落ち込んでしまいます。


勝てなくなってやめていく子がいる一方で、負けても負けても将棋への熱が冷めない子もたくさんいます。

この子たち、負けてばかりなのに楽しそうなのはなぜだろう……。

そう考えたときに、いくつかの理由が浮かんできました。

まず、教室に行くと、将棋を通じて知り合った友だちに会える。教室には違う小学校の生徒がたくさんいるので、**ふだん学校で会えない子に会える貴重な場**となっています。これは大きなモチベーションでしょう。

次に、がんばればほめてもらえるということ。

たくさん勝つ子はそれだけでうれしいので、わざわざほめる必要はありません。ですから私は、負けた子ほどほめるようにしています。将棋は内容が見えづらい競技。少しでも良かったところをほめなければ、こどもはへこんだまま帰宅することになるからです。

ほめるポイントはいくつもあります。

「駒台、いつもより整理整頓できていたね」

「あのときの手、よく思いついたね」

「今日は〝負けました〟をちゃんと言えたね」

なにか1ついいところを見つけて、ちゃんとほめるようにしています。

将棋という競技は、本人以外の視点からだと勝ち負けばかりが目につきます。しかし、いい意味で複雑なので、結果にはつながらなくても、もがいてがんばれるところがたくさんあります。**ちょっとでもできることに対して前進する。**そんな中でこどもは、結果がすべてではないことを学んでいくのです。

勝ち負けにしか興味がない子は長続きしないということです。

34

何ごともライバルがいてこそ。「あの子と指したい!」という強い思いが友情を育んでいく。

何ごとも強くなるにはライバルの存在が欠かせません。将棋も例外ではありません。私もそうでした。少年時代に通った道場には、私と互角、もしくはちょっと強いかちょっと弱い同世代の仲間がたくさんいました。これは理想的な環境だったと思います。

実力が伯仲した相手とは、互いに負けたくないため、全力でのぶつかり合いとなります。ちょっと弱い相手との対局も、油断は禁物。初めから「負けてもいいや」と思って指してくる人はいないので、気を引き締めてかからなければいけません。

自分よりちょっと強い相手との対局では、全力を出しても勝てるかどうかなので、全力を出し切るしかありません。

つまり、勝って当然という対局も負けて当然という対局もないため、いつも全力。**実力以上の力が自然と出てしまう環境**がありました。これは幸せなことでした。

ライバルに恵まれた棋士は急速に強くなります。石田和雄九段門下の若手がいい例。

棋士の世界には、「一門制度」という独特の制度があります。奨励会に入会するには、四段以上の棋士を師匠に持つことが必須。同じ師匠を持つ弟子たちと、その師匠を合わせて「一門」と呼びます。そんな多くの一門がひしめく将棋界で近年、石田九段一門の棋士たちが顕著な活躍を見せているのです。

石田九段門下では、高見泰地叡王を筆頭に佐々木勇気六段、門倉啓太五段、渡辺大夢五段という伸び盛りの若手がいます。彼らはみな、石田九段が師範を務める「柏将棋センター」で幼いころから切磋琢磨をくり返していました。もともと才能のあるこどもたちが、多くのライバルに恵まれることで実力を伸ばす。石田九段一門の台頭は、ライバルの大切さを雄弁に物語っています。

前述したように、将棋は実力が拮抗した相手と指すことが上達の秘訣。特に「香1本強い相手とやるのがいい」と、よく言われます。これは相手が香1枚落として互角になるくらいの対局を数多くこなすと、実力が大きく伸びるという意味。少年時代の私も、香1本の相手に恵まれていました。

私の教室にも、ライバル関係にあるこどもがたくさんいます。やる気満々の仲良し2人が私のところに来て、「今日、絶対に2人でやらせてね」と言ってくる。こういう子たちは、まだ力関係が決まっていない。そこで対局をつけてあげると互いに負けん気むき出し、ものすごい集中力で盤に向かいます。勝っても負けても、こういう対局はとても力になる。

将棋はライバルがいてこそ。**「あの子と指したい」という強い思い**が棋力を向上させて、2人の友情を育むことになるのです。

まとめ

＊

実力が拮抗した仲間との切磋琢磨が実力を伸ばす。

35

親子で仲良く詰将棋を解く。こどもが父親を負かすようになる。将棋を通じて家族の絆が深まります。

藤井ブームのおかげで、将棋に興味を持つ人が増えています。テレビを見ていてこどもがやりたいと言い出した、クラスメイトに誘われた、親がこどもに勧めたなど、きっかけはそれぞれですが、私の教室にも以前にも増して多くの親子がやってくるようになりました。

私もお父さんお母さんから、よくこんな質問をされます。

「恥ずかしながら、私、将棋をやったことがないんです。駒の動かし方だって、まったく知りません。これを機に勉強したほうがいいでしょうか」

私の少年時代、大人の男性は将棋を指すことが当たり前でした。強い弱いはともかく、駒の動かし方を知らない人はむしろ少数派だったと思います。

しかし、いまは違うようです。小学生のこどもに将棋を勧める30代から40代の父兄は、多くが将棋を知りません。居飛車、振り飛車といった戦術はもちろん、駒の動かし方を知らない人がほとんどです。

そんな親からの質問に、私はこう答えています。

「できなければいけない、ということはありません。しかし、お父さんお母さんが将棋を指したほうが絶対にいいと思いますよ」


これには次のような理由があります。

基本的に将棋教室は、週に何日も開かれているわけではありません。2週間に一度というところも少なくありません。2週間に一度しか将棋に触れないと、棋力はなかなか上がりません。教室で習ったことも、すぐに忘れてしまいます。

習ったことを忘れれば上達せず、上達しなければ勝てません。こうなると、面白くなくなってやめてしまうかもしれない。やはり、こどもにとって**いちばん身近な大人である親が将棋を指せるというのは、とても大切**なことなのです。

「でも私、駒の動かし方もわからないですよ。それでもいいですか？」

こうした質問には、こんなふうに答えます。

「教えてあげる必要はありません。一緒に学んでもらえれば、それで十分ですから」

家に将棋を指す相手がいれば、将棋に触れる機会が増えて、棋力は着実に上がっていきます。


親が将棋を指すことのメリットは、それだけではありません。親子で将棋を指すことによって、**親子の距離はグッと縮まります。**

将棋は年齢がまったく関係ないゲームです。こどもと大人が一緒に勝負できるのがいいところ。ですから、親がこどもに教え込む必要はありません。一緒に学んでいけばいい。

私の教室では毎回、こどもたちに詰将棋の宿題を出していて、「どうしても自分で解けなかったら、お父さんお母さんと一緒に解いてもいいんだよ」と言っています。そこには親子で将棋を楽しんでほしい、という思いがあります。

親子で何かを始めると、どうしても「親が先生、こどもが生徒」という関係になりがちです。

キャッチボールをすると、父親がボールを受けながら、こどもにフォームを指導する。料理を一緒に作ると、どうしてもお母さんがこどもに指示を出すことになる。

しかし、親子で一緒に将棋を始めたとき、**そこには先生も生徒もありません。**どちらも生徒であり、ライバル。親子で詰将棋に向き合い、苦労して正解にたどり着いたときの快感はひとしおです。親子が年齢に関係なく喜び合える。これもまた、将棋ならではのいいところだと思います。

このケースでは、やはり最初は親が勝ちます。しかし、あっという間にこどもが抜いていくことがとても多い。こどもは一度コツをつかむと、ものすごい勢いで強くなります。「もう、お父さんとやってもつまんない。だってかんたんに勝てちゃうんだもん！」残念ながら将棋においては、お父さんの威厳は長くは続きません。しかしこどもに抜かれるのも、親としてはうれしい経験ではないでしょうか。

ちなみにこどもが将棋を始めると、おじいちゃん世代は確実に喜びます。

夏休みに田舎のおじいちゃんに会いに行って、「ぼく将棋を指せるんだよ」と言ったら、おじいちゃんが大喜びして、孫を手放さなくなった。そんなエピソードをよく耳にします。

「よしよし、おじいちゃんが相手をしてやるぞ。まずは8枚落ちからどうだ」

これが翌年になると、「お、なかなか強くなったな。8枚落ちは、さすがに厳しいか。6枚落ちでどうだ」。おじいちゃんは孫の成長を実感して、目を細める。将棋を通じて、**世代を超えたコミュニケーションの輪が広がっていく。**

「おじいちゃんに、美濃囲いをほめられたんだ」

「ついにね、今年おじいちゃんに平手で勝ったんだよ」

夏休み明けになると、こどもたちはうれしそうに土産ばなしを聞かせてくれます。

将棋を通じて家族がつながる。

仕事や家事で忙しいと思いますが、お父さんお母さん、ぜひともお子さんの将棋に付き合ってあげてください。

親がこどもに教え込む必要はありません。
一緒に学んでいけばいい。

36

駒台を整理するうちに身の周りがきれいになっていき、やがて結果が出始めます。

将棋では広い視野を持つことが大切です。

スポーツ、特にサッカーでは視野の確保が重視されますが、それは将棋も同じ。ポイントとなる局面に集中しながらも、同時に盤上の隅々に気を配る必要があります。これを怠ると、相手の飛車や角が、いつどこから飛んでくるかわかりません。

盤上に入り乱れた自分の駒と相手の駒をしっかりと把握するのは、こどもはもちろん大人にとってもかんたんなことではありません。しかも対局者が目を配らなければいけないのは、盤上だけではない。把握するべき場所は、実はもう1つあります。それがどこか、みなさんはわかりますか？

答えは駒台。相手から取った駒を置くところです。

将棋には、相手から取った駒を自分の駒として使える、ゲームのルールとしては世界唯一の「持ち駒」があります。そのため対局者は、盤上に加えて自分と相手が駒台になにを持っているかを頭に入れておかなければいけません。これができないと、またたく間に玉を詰まされてしまうかもしれません。

もちろん私も視野の確保や駒台の確認について、常々こどもたちに言い聞かせています。しかし、「駒台も忘れずに見なさい」と注意しているわけではありません。

私が言うのは、これだけ。

「駒台は、いつもきれいにしておくんだよ」

見ろ、ではなく、きれいにしようと言い聞かせるのには、意味があります。

将棋を始めたばかりのこどもたち、特に男の子は盤上の駒を動かすことばかりに気を取られて、取った駒の管理がおろそかになりがちです。たくさん取れば取るほど、駒台が乱れてしまう。「駒台をちゃんと見なさい」と注意したところで、その駒台がグチャグチャだったら、ちゃんと見てもあまり意味がないからです。

こどもたちはなぜ、駒台にまで意識が向かないのだろう。

このことを考えたとき、私はあることを思いつきました。

こどもたちが駒台を見ようとしないのは、**自分が取った駒を大切にしていないからだ。**

持ち駒を自分で決めた順番通り、きれいに並べるようになれば、自然と駒台も見るようになるのではないか、と。

それからというもの私は、駒台が散らかっているこどもがいると、「ねえ、きれいになってないところがあるよ」と話しかけるようになりました。先生に注意されて無視するわけにはいかないので、こどもは持ち駒をきれいに並べます。

きれいに並べるということは、そのときだけでも駒台を見るということ。持ち駒を把握することにつながります。私がしつこく言い聞かせていることもあって、その頻度は少しずつ増えています。こどもたちの視野は、確実に広がっているのです。


広い視野を持って状況を把握することが身につけば、あちこちに気を取られたり、大事なことを見落としたりすることが減り、落ち着いて将棋を指せるようになります。そしてもちろん、将棋を通して身につけたいい習慣は、日常生活にもいい影響を及ぼします。

身の周りが片付いていくと、ものを失くすことがなくなり、やがては日々の行動にムダがなくなっていきます。

みなさんには、こんな経験はないでしょうか。

今日は大事なサッカーの試合。しかし当日の朝、スパイクがどこに置いてあるかわかりません。焦って探しているうちに、電車を1本乗り過ごしてしまいました。グラウンドに着いたのはキックオフ直前。これではいいプレーはできないでしょう。サッカーだけではありません。デートも試験も同じこと。準備次第で結果は大きく変わります。この準備の基本である整理整頓が、駒台をきれいにすることから身についていきます。

きれいにできるようになると、脱ぎっぱなし、食べっぱなし、使いっぱなしをしなくなっていく。**ものを大切に扱うようになり、きちんと管理する**ようにもなっていくのです。

自分と相手が駒台に何を持っているか頭に入れておかなければいけません。

37 年齢や性別にしばられないのが将棋。多くの大人と接する中で、こどもの価値観が広がります。

将棋の魅力の1つに、だれとでも遊べるという点が挙げられます。

男子と女子、若者とおじいちゃん、男の子とお母さん……。世代や性別の異なる2人が、盤をはさんで対戦する。こうした光景は、スポーツではそう多くは見られません。体力差が大きいと、真剣勝負が成り立たないからです。

その点、フィジカルを求められない将棋はだれとでも対戦できる。実際に街の道場では老若男女が切磋琢磨しています。

私も少年時代、将棋を通じてたくさんの大人と触れ合いました。親戚には大学の将棋部で活躍していた伯父がいて、よく胸を借りました。また神奈川県厚木市の道場では、鬼のように強いおじいさんに鍛えられたものです。

つまり、将棋を始めると人付き合いの幅が確実に広がる。これはとてもいいことです。みなさんもこどものころ、身の周りにちょっと変わったおじさんはいなかったでしょうか。親が教えてくれない、大人の世界を垣間見せてくれるようなおじさんが。こういう**人間味のある年長者と付き合う**中で、こどもの価値観は広がっていく。

将棋を始めるとさまざまな人との出会いがあります。同世代だけでなく、大学生がいて、会社員がいて、お店をやっている人がいて、隠居のおじいさんがいる。

「世の中にはたくさんの人がいて、それぞれの人生を歩んでいるんだな」

そんなことをなんとなく感じるだけでも、将棋に触れる価値はあると思います。

まとめ
＊
年長者との対局で人付き合いの幅が確実に広がる。

38 将棋を始めるベストのタイミングは、小学1年生の夏休みです。

将棋教室を主宰する私は、小さなお子さんを持つお父さんお母さんからよくこんな相談を受けます。

「こどもに将棋をやらせたいのですが、いつ始めるのがいいでしょう」

私の少年時代と比較すると、いまの親御さんはできるだけ早く将棋を始めてほしいと考えているようです。それはなにも将棋に限ったことではありません。

少子化が叫ばれる今日、かつてより多くの手間と時間とお金を1人のこどもにかけられるようになりました。そのためか、習いごとの低年齢化が進んでいます。

それは特にスポーツにおいて顕著です。2020年東京オリンピックの影響もあって、都市圏では小学校に上がる前から水泳教室や体操教室、サッカースクールに通うことが当たり前になっています。

それでは、将棋を始める最高のタイミングはいつなのでしょう。

私は**早ければ早いほどいい、とは考えていません。**というのも人の話をある程度聞けて、自分の考えを表現できる子でなければ、将棋のルールを理解することは難しく、対局を行なうことができないからです。

なにもわからないこどもに将棋をやらせるのは無理強いに近く、将棋を好きになるどころか、嫌いになってしまいます。

そう考えると個人差はあるものの、幼稚園児で将棋を始めるのは早過ぎるかもしれません。というのも園児はルール以前に、盤の前にじっと座っていることすら難しいからです。また、金、銀、飛車、角といった漢字もわからないこどもにとって、駒の動き方を覚えるのはハードルが高過ぎると思います。

将棋を始めるタイミングとして私が勧めたいのは小学1年生、それも1学期が終わったあたりです。

幼稚園児とは違って、小学生はイスに座って授業を受けなければいけません。まだまだ落ち着きがないでしょうが、1学期が終わるころになると座るということに慣れ、漢字も習い始めます。ちなみに将棋の駒の漢字で、いちばん最初に習うのは金。まだまだわからない漢字のほうが多いですが、それぞれの違いがなんとなくわかるころ。

1年生では複雑な戦術はもちろん、駒の動かし方を理解するのもかんたんではないはずです。しかしこどもは、一度面白いと思うとものすごい集中力で取り組む習性があります。

「これはまだ、ちょっと難しいかな？」

などと何気なく言ったりすると、むしろ闘志を燃やして食らいついたりする。

小学生最初の夏休み、お子さんを将棋教室に連れていってみてはいかがでしょう。

まとめ

＊

漢字を知らないこどもにとって早過ぎず遅過ぎない年齢から将棋を始める。

39

将棋はイレギュラーのない「論理」の競技。だからこそこどもの「感性」が磨かれる。

将棋は論理の競技です。双方の戦力は均等で、駒が動く範囲も明確に決まっています。そこには運不運やイレギュラーは、いっさいありません。

しかし私は、論理でこどもたちを導こうとは考えていません。将棋を始めて日が浅いこどもたちに「こういう理由があるから、こう指さなきゃいけないんだよ」と論理的に教えたところで、ほとんど伝わらないからです。

こどもは、カッコいいもの、面白いもの、おいしいものに惹かれます。

野球少年はアメリカで大活躍する大谷翔平選手に憧れ、彼のフォームを懸命にマネします。なぜ、そうするのか。

「大谷投手のフォームは踏み出した左足をわずかに引くから、上半身に推進力が伝わって速いボールが投げられるんだ。ぼくも速いボールを投げたいから、彼のフォームを見習っているんだよ」

そんなことを言う子は、まずいないでしょう。大谷投手のマネをするのは、素直にカッコいいからです。

こどもはお笑い芸人も好きで、すぐにマネをしますが、これだって同じこと。

「日常のよくあるネタなのに、気がつけば非日常にいざなわれるから面白い」

そんな難しいことは言わないでしょう。こどもは、**論理ではなく感性で動くのです。**

冒頭で書いたように、将棋は論理の競技。しかし、習っているのがこどもである以上、感性、フィーリングに訴えかけるのが、将棋を好きになる近道です。好きになれば、自然と強くなっていく。

では、どうやってフィーリングに訴えかけるのか。

1つの方法として、私は盤面を映像化してこどもたちに見せるようにしています。

たとえば、将棋には「理にかなった駒の順番」があります。

それは前から歩、銀、飛車というように、小さな駒から大きな駒と並んでいくもの。反対に飛車、銀、歩と並ぶのは悪い形です。その理由は後述しますが、こどもたちが自然とやってしまうのは後者です。

こどもは大きくて派手に動ける駒が好きですから、飛車や角を動かしたがる。その次に銀や金を動かして、小さくて地味な歩は放ったらかし。こういうパターンがとても多い。しかし、大中小は理にかなった配置ではありません。大きな駒から相手の駒とぶつかっていくことになり、大きな駒を次々と取られていくことになるからです。

このことは、P147の図を見れば、わかってもらえると思います。しかし、大中小が

野球少年が大谷投手のマネをするのは、素直にカッコいいからです。

良くないと論理でわかるのは、読者のみなさんが大人だからです。

「大中小の順番だと、大きな駒をすぐに取られてしまうよ」

そう説明したところで、こどもは理解できません。ですから、大中小の盤面を見せて「これは良くないんだぞ」と教え込み、その一方で小中大と並んだ盤面を見せて「これがきれいなんだ」と教え込む。

するとこどもは、よくわからないなりに、小中大と置くようになる。

対局はなぜか、いい形で進み出します。

「歩が交換できたね」

「銀が前に出てきたよ」

「お、飛車が成れたね」

いい局面を映像として目にするうちに、小中大が「きれい」に見えてきて、やがて「なぜいいのか」という理論がわかってくる。

こどもの将棋は、**フィーリングから入るのが上達への近道。**「きれい」という感性が身についたあとに、必ず理論がついてきます。論理の競技だからこそ、将棋を指すと感性が豊かになっていくのです。

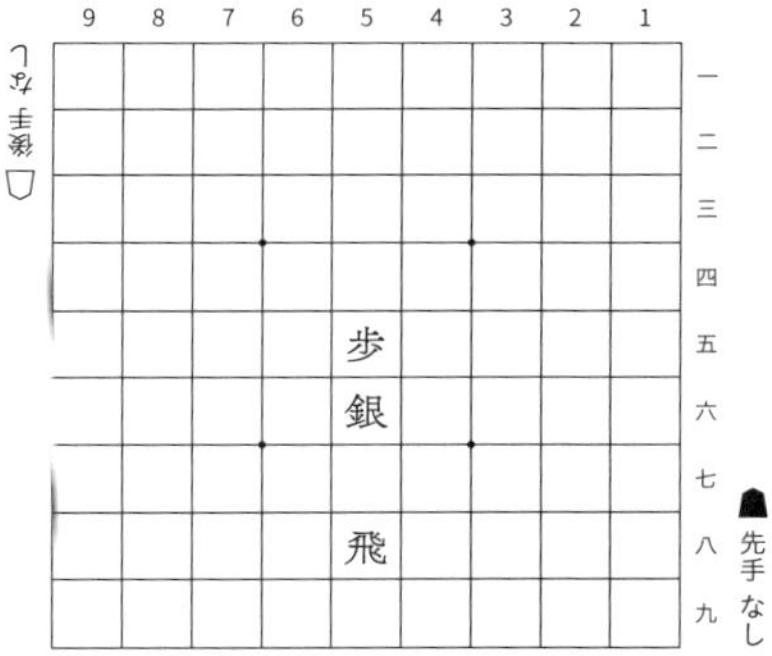

駒配置の良い例

歩→銀→飛車と、前から

駒の小さい順に配置。

∨

歩がぶつけやすい。

これを「きれいな形」

と覚えてもらう。

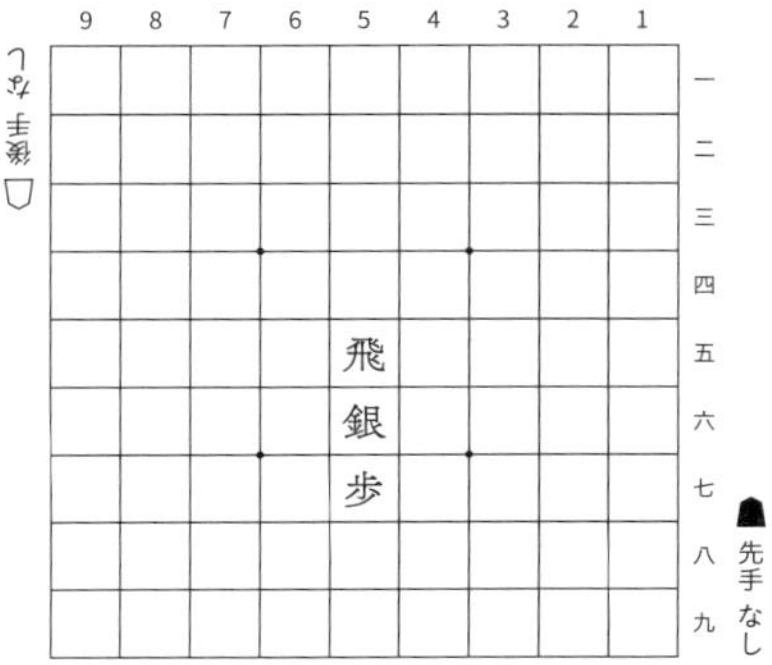

駒配置の悪い例

飛車→銀→歩と、前から

駒の大きい順に配置。

∨

大きな駒では、

攻めが難しい。

歩が後ろは悪い形。

40

最後にも「初形」を並べる。これだけで、初心者のこどもでも成長を実感することができます。

私の教室では、終わりに決まってやっていることがあります。

それは盤に「初形」を並べること。きちんと駒がそろっているか確認してから、後片付けをします。これで駒の紛失が減りました。

この作業には私やスタッフは手を出さず、**こどもだけでやる**ことになっています。ちょっとしたことですが、教室の伝統になっています。

私の教室には、初回無料体験の制度があります。

教室をたずねてくる子の中には、ルールをまったく知らなかったり、初めて駒を触るという子も少なくありません。

そうした子どもには、2時間の教室の中で次のことをやってもらいます。

まず最初にやるのが「駒の仲間分け」。8種類の駒を分類します。次に駒それぞれの動かし方を覚え、初形を並べてもらい、対局をする。そして最後に、前述したように初形を並べてから後片付けを行ないます。

すると最初は苦労して並べた初形が、スムーズに並べられるようになる。こどもは吸収が早いので、2時間の教室の中で自然と配置を覚えてしまうのです。

「おお、すごいねえ。早く並べられるようになったねえ」

私がほめると、こどもは照れくさそうにしながらも、うれしそうです。駒を並べるというちょっとしたことで**自分の成長を実感する**のです。

まとめ

＊

駒を仲間に分け、次に動かし方を覚え、そして並べる。

41

将棋はとにかくたくさんミスが出る。だからこそ、失敗にへこたれない強い気持ちが育まれます。

将棋はミスがたくさん出る競技です。

なぜ、ミスが出るのか。それは、やらなければいけない段取りが多いからです。

まず、玉を囲わなければいけません。囲いが完成したら、小さな駒から前に進めて歩を交換する。中盤では、駒の損得も計算しなければいけません。終盤は受けもしっかり……。

こんなにやることが多いと、**どこかで必ずミスが出ます。**

将棋をあまり見たことがない人には、ミスがミスに見えないかもしれません。実は棋士でも同じことは起こります。大きなミスなら一目瞭然ですが、ちょっとしたミスはミスをした本人でも気づいていないことがあります。

棋士は対局後に「感想戦」を行ない、互いに一局を振り返ります。この感想戦でも、話が噛み合わないことは多々あります。敗れた対局者が、どこで間違えたのか気づいていないこともありますし、自分のミスを相手がミスだと思っていないこともあります。

私はかれこれ40年近く将棋を指していますが、この競技のことが何もわかっていないような気がします。わかっているのは**「将棋はわけがわからない」**ということだけ。

棋士の対局では、ミスを巡るシビアな駆け引きがくり広げられています。

大事な局面で、相手がだれの目にも明らかな悪手を指したとします。そんなときにもう一方の対局者は次の手が決まっていても、しばらく指さないときがあります。大切な時間を使ってまで、なぜそんなことをするのか。みなさんはわかりますか。

答えは、**相手にミスを噛みしめさせるため。**

「あなた、こんな失敗しちゃったんですよ？」

そんなふうに、相手に取り返しのつかないミスを見せてあげるのです。

私も何度かやられた経験があります。対局室から逃げ出したい気持ちになりますが、目の前に残ったミスを見つめるしかない。これほどつらいことはありません。

ちなみに棋士によっては、相手がミスをした直後に夕食に入ることも。こうなると、ミスをした棋士は悔しさや情けなさや自己嫌悪を噛みしめながら食事をしなければなりません。かなり意地悪ですが、これも巧みな心理戦と言えるでしょう。

さて、ミスはさらなるミスを誘発します。

これは草野球にたとえると、わかりやすいかもしれません。

草野球では、エラーをした野手がエラーをくり返すことがよくあります。精神的に動揺しているからです。「みんなに申し訳ない」とか「次もやったらどうしよう」とか「打球よ、飛んでくるな!」などと余計なことを考えてしまい、肝心のプレーに集中できていない。そんなときに打球が飛んできたら、落ち着いて対応することは難しい。

エラーがエラーを呼ぶ。この現象は将棋でも起こります。つまり、悪手は悪手を呼ぶ。

しかし、相手がミスをしたからといって、安心してはいけません。悪手は相手の悪手を誘う一面があるからです。こうなると最初の悪手がひっくり返って好手に変わる。このこと1つをとっても、将棋はわけがわかりません。

ミスのない将棋を指すことは、どんな実力者でも至難の業。こうなるとミスを減らすことに心を砕きながら、**ミスをしたあとに崩れない「強い気持ち」を持つこと**も大事になってきます。

将棋にミスがつきものであるように、人生にも数々の失敗や試練が訪れます。どんなに恵まれた人でも、失敗や試練のない人生はありえません。受験に失敗したり、部活のレギュラーから外されたり、大事なプレゼンで失敗したりと、多かれ少なかれ、大なり小なり逆境が訪れるでしょう。そんなときに大切になるのは、一度のミスでへこたれないこと。そして失敗しても立ち上がって、次の一歩を踏み出すことです。ミスを糧にして、たくましく人生を切り拓いていかなければいけません。

ミスだらけの将棋は、そんな強い気持ちを育むには格好の機会だと思います。

目の前に残ったミスを見つめるしかない。これほどつらいことはありません。

42

好きこそものの上手なれ。夢中で将棋に打ち込むことで将来につながる何かをつかみます。

私の教室は、いわゆるプロ志向ではありません。いちばんの目的は強化ではなく、普及です。開校当初は強化ばかり考えていましたが、いまは多くのこどもに将棋に触れてもらい、**楽しんでもらうことを第一**に考えています。

普及を目的にしているのは、次のような理由があるから。

全国にはたくさんの教室や道場がありますが、多くは強化を目的としたもの。しかし、こうしたところは将棋を始めたばかりのこどもにとっては敷居が高過ぎます。

強化の第一歩は普及から始まります。「将棋って面白い！」と思うこどもが増えていけば、それは裾野の拡大につながります。裾野が広がれば、頂点は自然と高くなる。私は、その裾野を広げるお手伝いをしたいのです。

棋士になることだけが、将棋ではありません。

将棋を面白いと思うこどもが増えれば、やがて彼らは大人になり、今度は自分のこどもに将棋を勧めてくれるかもしれません。


藤井ブームもあって近年、こどもを棋士にしたいと考える親が増えています。

「ウチの子には才能がある！　ビシビシ鍛えてやってください！」

そういって、教室や道場にこどもを連れてくる親が多いのだとか。シビアなことを言いますが、こういう子の多くは強くならず、中途半端なまま将棋をやめてしまう。

こどもは親の心を読む達人。彼らはどうすれば親が喜ぶか、敏感に察知して動きます。

何事も自発的にやらなければ上達しません。

つまり親が一生懸命になるほど、こどもは期待に応えてがんばろうとする。がんばっているふりをする。これは好きでやっているわけではないので、なかなか強くなりません。

将棋に限らず、どんなことも自発的にやらなければ上達しません。

私が少年時代に通った厚木の道場には、三度の飯より将棋が好きな仲間がたくさんいました。その中には奨励会に入り、私と同じように棋士になった人が何人かいます。

将棋が好きで好きで仕方がない。そういう人でなければ、まず、プロ棋士になることはできないでしょう。

1日10時間、いや、それ以上の時間を将棋に費やさなければ、棋士になることは難しい。壁にぶち当たることも多く、私も何度「やめたい」と思ったことか。

しかし、そのときに思い出したのは厚木での修業の日々です。なかなか強くなれませんでしたが、「将棋は楽しい」という思いだけは変わらなかった。そんな思いがあったので、苦しいときも将棋を続けられた気がします。

教室のこどもたちには、こうした将棋の楽しさを伝えたいと考えています。夢中で将棋に打ち込んで、そこから**将来につながる何か**をつかみとってほしい。そう思いながら、今日も教室で「さあ、指すぞ！」と大きな声をかけているのです。

43

急速に進化する将棋に取り組むことで、予測不能な現代社会にフィットする「対応力」が磨かれていきます。

ＡＩの進化によって定跡が否定されるようになり、将棋の作戦はものすごく多様化しています。選択肢が多過ぎて、何を選べばいいのかわからない。ただでさえ難しい将棋が、なおさら難しいものになっています。

いままでの将棋は、定跡という大きな指針があったので、ある程度のところまでは深く悩まずに駒を動かすことができました。玉を囲んでそのほかの駒を逆サイドに置き、駒の役目を守備と攻撃に二分化する。駒の役目がはっきりすると、そのぶん、悩むことは少なくなります。

しかしいまは角の打ち込みを防ぐため、玉が中央付近にいる形が主流の戦法が現われました。守るべき玉が中央にいれば、攻められたとき、左右どちらにも逃げられるという考え方です。ただ私は教室のこどもたちに、この手の将棋は教えていません。駒が全体に分散しているので、どう指していいのかわからなくなってしまうからです。こういう形は、ある程度基礎を身につけてから指さないと上手くいきません。

このように将棋の戦法は、年々複雑になっています。では、この難しい時代を生き残るために必要なものはなにか。

私は「対応力」がもっとも大事だと考えています。

ＡＩの進化によって、いままでかっちりと決まっていた定跡は否定され、なんでもありの世界になっています。なんでもありということは、いつどこでなにが起こるかわかりません。どんな出来事が降りかかってきても、戸惑うことなく迅速に反応しなければいけないのです。そこでものを言うのは、詰め込んだ知識ではなく対応力です。

知識より対応力。

このことは将棋だけではなく、現代社会にも当てはまるのではないでしょうか。

ＡＩが将棋の進化を加速させたように、いまの世の中は急激な勢いで変化しています。黒電話が携帯電話になってスマホになり、クルマの自動運転技術はすでに実用化されつつあります。こんなこと、私がこどものころには想像もできませんでした。

テクノロジーの進化やグローバリズムの浸透、加速する情報化などによって、世の中はめまぐるしく変化しています。新しいものが次から次へと生まれ、絶え間ない変化が求められています。

こういう時代に生き残っていくためには、対応力が求められる。そしてそれは、複雑で何が起こるかわからない将棋に取り組むことで磨かれます。**４００年の伝統を誇る将棋**が、いまの時代を生き抜く指針を与えてくれるのです。

まとめ

＊

時代に飲まれないためには
マニュアルではなく迅速な反応で。

44

受験で一度はやめたこどもが「中学生コーチ」として教室に復帰。教える側になることで大人びていく。

将棋教室の運営には、実はかなり人手がかかります。

学習塾なら1人の先生が一度に大勢を教える場合もありますが、将棋ではそういうわけにはいきません。同じ学年のこどもを集めたところで、棋力はまちまち。1人で教えることは至難の業です。

将棋は**対局することが上達の近道**です。私も教室ではこども同士で対局してもらい、その間を私が巡回して行儀が悪い子を注意したり、いいところをほめたり、悪いところを指摘したりしていますが、指導者が少ないと、どうしても目が届かないところが出てきてしまいます。

こうした課題を解消するために、私は何人かのスタッフに、教室での指導を手伝ってもらっています。

たとえばこどもが30人集まり、指導者に私と女流棋士と教室のOBの高校生が2人、計4人いる場合。こういうときはこども同士の対局を10組（計20人）作って、女流棋士1人に4人を預け、教室のOBの高校生2人に3人ずつ見てもらうといった配分をします。余った私は教室を巡回しながら全体に目を配り、気づいたことをアドバイスする。これでようやく全体に目が行き届くかどうかといったところ。

さて、小学生を対象とした私の教室では、小学1、2年生で教室に入り、4、5年生になってやめてしまうこどもが多い。6年生まで続ける子が少ないのは、中学受験に備えるた

中1というのがウソのように落ち着きが出てきて、受け答えがしっかりする。

め。こどもたちの多くは将棋教室に通っていた週末の午後、今度は学習塾に通うようになります。

しかしうれしいことに、中学生になって教室に帰ってきてくれる子もいます。彼らは将棋が好きで実力もあり、私の指導もみっちり受けているので、小学校低学年の子なら十分に指導することができる。こういうOBの中高生にも手伝ってもらい、なんとか教室を回しています。

中学生コーチの指導ぶり、これはぜひともみなさんにも見ていただきたいです。**教わる側から教える側になったという立場の変化**がそうさせるのでしょう。中1というのがウソのように落ち着きが出てきて、受け答えがしっかりとしてきます。大人と接するときも相手の目を見て会話ができるようになり、思考そのものが大人びてきます。

歳の離れた弟分の子との指導対局を任せると、9枚落ちでも10枚落ちでも格の違いを見せつけます。大人顔負けの手つき、口ぶりでときにやさしく、ときに厳しく後輩たちを導く。これほど頼もしい存在もありません。

将棋は強くなれば年齢に関係なく、後進を教えられる競技。「立場は人を作る」と言いますが、まさに、教える側に回ることでこどもは大人になっていくのです。

45

教室や道場に出かけていろんな人と将棋を指すうちに「人見知り」をしなくなります。

将棋というと、おとなしいイメージがあるかもしれません。スポーツをする子は活発で、将棋を指す子は内気。私の少年時代は、たしかにそんなイメージもありました。しかし、いまはそうではありません。というのも、将棋も指すけどスポーツもやる、そんなこどもが増えています。

私の教室でも、スポーツと将棋を掛け持ちしている子は少なくない。週末の午前中に水泳やサッカーなどをして、午後、教室に来る。着替える時間がなかったのか、野球のユニフォームを着たまま盤に向かう子もいます。将棋もスポーツも、彼らにとっては純粋に面白いもの。垣根にないのです。

実際、**将棋とスポーツには共通点がたくさんあります。**

将棋は基本、室内でやるものですが、教室や道場に通うということは家を出てたくさんの人と交わることを意味します。これはスポーツと同じです。

10年近く教室をやってきて、私は人見知りの子、引っ込み思案な子が将棋を通じてどんどん活発になっていくケースを数多く見てきました。

少子化で1人っ子が多い現代、自分を表現することが苦手な子はたくさんいます。そんな子が教室に通ううちに人見知りをしなくなり、将棋に勝つことで自信をつけて自分を表現できるようになっていく。

スタッフの女流棋士が、こんなエピソードを聞かせてくれました。

彼女が担当していた平日午前中の教室に、いつもやってくるこどもがいたそうです。平日午前といったら学校で授業を受けている時間。それなのに彼はいつも、教室で将棋を指している。「どういうことだろう」と思って、それとなく周りに訊くと、その子はいじめがきっかけで不登校になってしまったとのこと。

「こうして出会ったのも縁だから、将棋をみっちり教えてあげよう」

そう思いながら対局を重ねるごとに、彼は変わり始めました。口数が少なくうつむき加減だったのが、背筋がピンと伸び、表情が明るくなっていきました。棋力も上がり、気がつけば教室の大人たちと談笑するようになっていました。

これは将棋の可能性を示す、いい話だと思います。

教室に通うことで、彼は人前に出られるようになり、**将棋が上達することで自分に自信が持てるようになった**のです。やがて彼は学校に通うようになり、勉強もがんばって第一志望の大学に受かったそうです。そしていまも、将棋を楽しんでくれているのだとか。

一見、孤独で内向的に見える将棋は、人と出会うことの楽しさを教えてくれます。そして、勝負に勝つことで得られる自信は、こどもを大きく飛躍させてくれるのです。

まとめ

＊

たくさんの人と交わることは、スポーツにも共通する。

46
「天敵」がやめて残念がるこども。負けてもいいから強い相手と戦うことに意義を感じている証。

将棋教室をやっていて、教え子の成長を実感する場面は数多くあります。

「負けました」をしっかりと言えるようになる。駒台の駒をきれいに並べられるようになる。勝っても威張らなくなる……。

ついこの間まで負けてふてくされていたような子が、気がつくと礼儀やマナーを身につけている。「いつの間に……」と私もうれしくなる瞬間です。

少し前には、こどものこんな声を聞きました。

「え？　○○くんやめちゃったの？　つまんないなあ……」

中学受験に専念するため、友だちが教室をやめたことを残念がっているのです。

この言葉を聞いて、私はちょっと感動しました。

やめた子は、同年代では将棋が強く、残念がっている子もよく負かされていました。つまり彼は、天敵がいなくなって喜ぶどころか悲しんでいる。先日まで負けて泣いていた子が、です。この子に限らず、強い子がやめると残念がる子は少なくありません。

将棋は勝ち負けがある競技。もちろん、こどもたちは敗北を恐れます。しかし強くなってくると、今度はかんたんに勝つことに物足りなさを覚えるようになる。つまり、**敗北に意味を見出すようになる**わけです。

負けたけど、いい将棋を指せた。強い相手と指したほうが面白い……。

そんなことがわかってきた子は、試練に直面してもがんばることができるはずです。

まとめ

＊

敗北の意味がわかってきた子は試練に直面してもがんばれる。

47 「将棋は男のもの」は古い考え。女性の競技人口が増えている現在、女性初の棋士誕生は時間の問題です。

将棋界には、1つの大きな謎があります。それは「女性はなぜ弱いのか」ということ。つまり女性は将棋には向いていない、というのが定説になっています。

誤解を恐れずに言えば、いままで将棋界は男社会でした。

私が少年時代に通った道場には、女性はほとんどいませんでした。大会になると女性は皆無、加えて女性に負けることは恥ずかしいことだと思われていました。なんと、私が修業していたころの奨励会では、女性に負けて坊主になった人もいたほどです。

将棋は男のもの、そう考えられてきたのは理由があります。

ここで将棋界の制度をかんたんに説明します。

将棋界では、女性が棋士になることは制度上可能です。もともと、棋士になるための制度に男女の区別はなく、奨励会に入会して所定の成績を収めて四段に昇段すると「棋士」となります。一般的に言う「プロ棋士」とは、この棋士を指します。

過去、奨励会に入会して棋士を目指した女性はいます。しかし、棋士への最終関門となる三段リーグを勝ち抜いた例はありません。つまり、棋士になった女性はいません。現在、女流棋戦で活躍する「女流棋士」は、奨励会の下部組織に当たる「研修会」で一定の成績を収めた女性のこと。**棋士と女流棋士は違うのです。**

過去、奨励会三段に昇段した女流棋士は2人います。現在、女流タイトルを4つ保持する里見香奈女流五段がその1人で、女性初となる棋士の誕生が期待されました。しかし彼女は三段リーグを勝ち抜けず、2018年、年齢制限によって奨励会を退会しました。

こうしたことから女性は将棋には向いていないと考える人が多く、実際に女流棋士と(男性)棋士が対局すると、8割方は後者が勝ちます。これには体力差や脳の違いなどを理由に挙げる人もいます。

やはり、女性は将棋に向いていないのでしょうか。

私はそうは思いません。女性が男性に勝てないのは競技人口が圧倒的に違うから。それだけのことだと考えています。

私はこども将棋教室を開いて10年になりますが、開校当時、生徒は男子ばかりでした。しかし、**近年は女子が増えてきています。**メディアに取り上げられる女流棋士が増えてきたことが大きいかもしれません。

教室に通うこどもを観察すると、男子と女子では将棋の指し方に若干の違いが見られます。男子が積極的に攻めていくのに対して、女子は慎重。持ち駒についてもそうで、男子は取ったらすぐに使い、女子は駒台にきれいに並べて、なかなか使おうとしません。

ところが将棋が強くなってくると、不思議とこの傾向が変わってくる。

堅実さが増してくる男子とは反対に、女子は積極性が増し、手が伸びやかになってくるのです。しかしこれもまた、ちょっとした違いに過ぎません。差ではなく、あくまでも違い。どちらがいいということも言えません。確実に言えるのは、**将棋には男女の向き不向きはない**ということです。

実際に女流棋士のレベルは上がっていて、私たち棋士も彼女たちと研究会を行なう機会が増えました。また棋士が女流棋士に負けることも、いい意味で当たり前になってきました。

「将棋は男のもの」という考えが薄れていくことで、将棋に触れる女性は増えていくと思います。裾野が広がれば当然、頂点は高くなる。奨励会に入会する女流棋士も増え、やがては女性の棋士も誕生するのではないでしょうか。それは時間の問題だと思います。

ウチは女の子だから、将棋はちょっと……。

そんなふうに遠慮するのはもったいないこと。考えてみれば、男子だ女子だ、向き不向きだと考えるのは私たち大人で、**こどもにとっては性別など関係ありません。**1人でも多くの女の子に、将棋の魅力に触れてほしいと思います。

最後に1つ、私の教室の話を。女子に負けて「もう指さない！」と駄々をこねた男子は、いままで1人もいません。

堅実さが増してくる男子とは反対に、女子は積極性が増し、手が伸びやかに。

48

逆に詰まされる玉の側から詰将棋を解くことで、複合的な視点が身につきます。

私は教室にやってくるこどもたちに毎回、詰将棋の宿題を出しています。詰将棋はいわば、詰みのパターン練習。これをたくさん解くことで、「なるほど、こうやるといいんだな」という感覚が身につきます。

とはいえ、こどもの将棋では詰将棋の効果がすぐに現われるとは限りません。1手詰みになっているのに、気がつかずに見過ごしてしまうケースが多いのです。

初心者のこどもが解く詰将棋は、局面が狭く、駒の枚数も限られています。しかし、実際の対局ではたくさんの駒が入り乱れていてわかりづらい。

また詰将棋では問題に、1手詰めとか3手詰め、5手詰めなどと書かれていて、こどもも「次で詰むんだ」とわかります。しかし実際の対局では、だれかが「次で詰むよ」などと教えてくれません。ですから、いいところまで行っているのに、みすみす勝ちを逃してしまう。詰将棋はあくまでもトレーニング。実戦とは難易度が違うのです。

詰んでいるのに詰ませられない。

こうした悩みを解消するために、私は独自の練習法を編み出しました。教室で詰将棋を解くとき、**盤面を逆さにして考えてもらう**ようにしたのです。これは詰まされる玉の視点で盤面を見るということ。攻めに加えて守りの視点を持つことで詰みのイメージが明確になり、「詰み逃し」が減ると思ったからです。また詰まされる側の視点を持てば、こうなったら危ないという危機察知能力も身につきます。

自分がされていやなことをしない。
それが思いやりにつながるのです。

将棋は、詰むか詰まされるかの勝負。攻めの視点を守りに置き換え、守りの視点を攻めに置き換えることができれば、戦いをバランス良くコントロールする力がつきます。このように複合的な視点を持つことで、自分がされていやなことを相手にしないという思いやりにもつながると思います。

ちなみに羽生竜王は少年時代、面白い形で家族と将棋を指していたそうです。その家族将棋はいつも、羽生竜王が両親と妹が組む「連合軍」と対局するという構図。当然、3人束になっても羽生竜王にはかないません。連合軍はまたたく間に駒を取られ、追い詰められます。そして連合軍が風前の灯となったところで、盤面を180度チェンジ。羽生竜王は絶体絶命になった連合軍の駒を指し継ぎ、ここから巻き返していく。

こうした羽生家独特の対局スタイルは、羽生竜王があまりにも強くなったことで長続きしなかったようです。しかし、この方法は親子将棋に取り入れられるかもしれません。力の差があり過ぎる対局は退屈なもの。しかし、このルールなら差がある親子でも将棋を楽しむことができます。どちらかが勝ちそうになったところで盤面をチェンジ。スリリングで、攻めも守りも鍛えられます。試してみる価値はあるかもしれません。

49

将棋教室はこどもが考える空間。そこに行くたびに、考える習慣が自然と身についていきます。

「こども将棋教室」と聞いて、みなさんはどんな雰囲気をイメージしますか。

こどもたちが真剣なまなざしで盤に向かって対局したり、詰将棋を解いたりしている。そんな光景を思い描くかもしれません。将棋は静寂の中で黙々と指すもの。それは間違いではありません。

しかし、教室にやってくるのは元気いっぱいのこどもたち。そんなこどもたちが集まる教室は、とてもにぎやかです。にぎやかを通り越して、うるさいことも。勝ってはしゃいで走りまわり、負けると泣いてと大騒ぎです。こども同士の対局では、将棋そっちのけでおしゃべりしている子もいます。

これはひどいなと思ったときは叱りますが、こどもですからかんたんには落ち着きません。5分も経たないうちに、また騒ぎ出します。いつもにぎやか、ちょっと静寂、ときにうるさい……。それがこども将棋教室です。

とはいえ、こどもはいつも騒いでいるわけではありません。

ここぞというときの集中力は、私も目を見張るものがあります。大人のように長続きはしないものの、こどもなりに一生懸命何かを考えている時間が必ずある。

私の教室では、始まる15分くらい前にやってきて、1人で駒を並べて詰将棋を解いている子がたくさんいます。また「この子には負けたくない」というライバルとの対局になると、ほとんどのこどもが**キリッとした表情になります。**

そんな「大一番」を、自分の対局が終わったこどもたちが取り囲んで、自分も一生懸命考えながら観戦するのもお約束。そして決着がつくと、だれに言われることもなく、「あの手が良くなかった」とか、「ぼくだったら、あそこは違う手を指すな」などと意見交換をしています。もう1つ付け加えると、教室では時間を気にする子は皆無です。

いつも落ち着きなく騒いでいるこどもたちが、将棋にのめり込んでいる。それはちょっと感動的な光景です。付き添いのお母さんが、「ウチの子じゃないみたい」と目を丸くすることもしばしば。見学に来た大人が、「自分がこどものころ、こんなに深く考えたことってなかったかも……」と話してくれることもあります。

どうやら将棋教室という場所には、こどもたちが何かを考える不思議な力があるようです。この現象は、野球のユニフォームを着ると途端に元気になるとか、図書館に行くと夢中で本を読み出すということと同じかもしれません。

将棋教室は楽しく考える場所。こどもたちはそこに行くだけで、**自然と考えるスイッチが入ります。**夢中で何かを考えているこどもを見るたびに、私は教室を開いて良かったと思うのです。

まとめ

＊

将棋教室に行くだけで、考えるスイッチが入る。

50

「勝てないかな……」弱気の虫に打ち勝って強敵相手に大健闘。その経験が自信と勇気をくれる。

将棋は相対的な勝負です。自分がベストを尽くしても相手が強ければ負けますし、反対に自分がベストを尽くさなくても相手が弱ければ勝てたりする。

しかし、**将棋は究極的には自分との戦いです。**

私の教え子にもいますが、強敵との対局を迎えて怖気づくこどもは少なくありません。

「あの子とやりたくない。だって絶対に勝てないもん」

そんなことをはっきりと口にする子もいます。

こうなると、その子はまず勝てません。ベストの力を出せば、勝てないまでもいい勝負ができるかもしれない。しかし絶対に勝てないと思ってしまったことで、ベストの力を出せなくなってしまうからです。

これはもう、棋力というより気力の問題です。

かれこれ40年近く将棋を指している私だって、怖くなるときがあります。勢いのある若手との対局が近づいてくると、「厳しいかな……」と弱気の虫が頭をもたげてくるときも。こういうときは、ほぼ負けます。それも力を出し切れずに。こういう負けは次にはつながりません。結果はともかく弱気になった自分が嫌いになり、へこみます。


そんな自戒の念も込めて、私は怖気づいている子を励まします。

このとき、こどもにかける言葉は2つ。

「やってみなきゃわからないよ」

「一生懸命やらなきゃ、その差は縮まらないよ」

残念ながら、これらは魔法の言葉ではありません。いくら叱咤激励したところで、**一度こびりついた恐怖心はなかなか取り除けない**ものです。コテンパンにやっつけられて、もともとあった恐怖心がさらに大きくなってしまう。

このままではいけないと考えた私は、教室での巡回に工夫を加えることにしました。教室全体を見て回りながらも、その子の横にいる時間を増やすようにしたのです。ちょっとした工夫ですが、これはかなり効果がありました。

自分を応援してくれる先生が横にいるので、心強いのでしょう。さっきまで対局を怖がっていた子が集中力を出して、実力以上の健闘を見せる。けっこういい勝負をする。その様子は、実の親ではない私から見ても感動的なものがあります。結果的に負けたとしても、それは確実にこどもの自信につながります。

「今日はいつもよりがんばれたぞ。弱気にならずに勝負すれば、いいことがあるんだ」

勝つのも自分、負けるのも自分。すべては自分次第。

将棋は**勇気を持つことの大切さ**を教えてくれるのです。

まとめ

＊

怖気づく自分に勝つ体験が
社会に踏み出す礎になっていく。

親からの声

将棋でこどものココが変わった

「将棋と言ったらアキトシだよね！」。小柄で引っ込み思案だった我が子が得意なものを見つけて積極的に

谷口裕子《ゆうこ》さん（母）、瑛俊《あきとし》くん（小1）

長男の瑛俊が初めて将棋に触れたのは、保育園児のとき。藤井ブームが起こって、そのとき将棋が得意な先生が手ほどきをしてくれました。高野先生の教室には保育園の年長さんのときから通っています。主人が音楽家なので、習いごとは将棋のほかにピアノをやっています。

私と主人は将棋の初心者で、瑛俊と一緒に覚え始めました。最初は私たちが勝

っていました。でも、最初のうちだけでしたね。こどもは驚くほど吸収が早くて、あっという間に追い抜かれてしまいました。

将棋を始めて、瑛俊はとても変わったと思います。

3月生まれということもあって、同級生に比べて体が小さく、そのことで後れを取ることが多かったようです。性格も引っ込み思案でした。

ところが、将棋を始めるとどんどん強くなって、クラスのみんなに勝てるようになった。

「将棋と言ったら、アキトシだよね！」

みんなにそんなふうに認めてもらって、ものすごく自信をつけました。

もう1つ、将棋の効果があります。

それはきちんとゆっくりお辞儀ができるようになり、しっかりとお礼が言えるようになったということ。

家庭ではときどき親子で将棋を指しますが、それは親子が向き合う貴重な時間になっています。

将棋を始めてますます論理的に。教室で教わったテクニックを家に帰ってすぐに試しています

吉田 歩《ふ》さん（父）、瑛秦《えいしん》くん（小1）

私の名前は「あゆむ」ではなく「ふ」と読みます。将棋が好きで工業デザイナーをしていた父が、「実直に努力して一歩一歩進んでいく、歩のような人間になってほしい」という願いを名前に込めたようです。

ですから私も、こどものころに将棋を教わりましたが、父が期待するほどのめり込みませんでした。むしろ息子の瑛秦が、祖父の思いを受け継ぐ形で将棋にの

めり込んでいます。

3人兄弟の末っ子である瑛奏は、妻の父に教わる形で将棋を始めました。すると、恐るべき早さで上達し、義父とは互角に、私には楽に勝つようになりました。家族との将棋では物足りなくなったのでしょう。やがて教室に通いたいと言い出し、高野さんの教室に通うようになりました。

教室での息子は、いつも生き生きとしています。学校と違って教室には、将棋好きの仲間がたくさんいる。彼らと指して勝ったり負けたりするのが楽しいようです。年上の子に勝つと、ものすごくテンションが上がります。いろんなテクニックを教わるのも好きなようです。教室で何か新しい形を教えてもらうと、私や祖父を相手にすぐ試します。

瑛奏はもともと論理的なところがありましたが、将棋を始めたことで、その傾向が強くなったかもしれません。どんなことでも、「なぜ?」「どうして?」と私にたずねてくる。本人なりに、筋が通っていないと気持ちが悪いようです。パターンに分けて物事を考えるのも好きですが、それも将棋の影響かもしれません。

夢は女性初の棋士になって藤井七段と対局すること！負けると泣いて泣いて大変です

岩田祐末子《ゆみこ》さん（母）、弓芽《ゆめ》ちゃん（小3）

娘は4学年上の兄に影響されて、3歳で将棋を始めました。

小学校でも、月に一度は課外授業があり、そこで将棋を指すことがあるようです。でも月イチでは物足りないようで、家ではすぐに将棋を指したがります。兄や私や主人が相手をしていますが、娘はあっという間に強くなって、いまでは兄に勝つようになりました。兄は初めて妹に負けたときはかなりプライドが傷ついたらしく、内緒で本を買ってきて研究に明け暮れていました。

将来の夢は、棋士になること。自分でそう宣言しています。女流棋士ではなく、奨励会を勝ち抜いて女性として初めて棋士になる、そして憧れの藤井さんと対局するんですって。たいして強くないのに情熱だけは強い。教室で連敗でもしようものなら、帰り道で号泣します。先日も大会に出て惨敗し、有名な棋士の方に話しかけられたのに、プンプン怒ったままで(笑)。そのときも帰り道は大変でしたよ。もう泣いて泣いて、私の足を何度も蹴飛ばす。「そんなに怒るなら、もうやめる?」と言ったら、「やめない!」と言い張る。この情熱、いつまで続くのでしょう(苦笑)。

いまは高野さんの教室と並行して、千駄ヶ谷の将棋会館にも通っています。行くと6時間は指しています。負けると悔しくて勝つまでやる。勝つともっと勝ちたくなって、さらに続ける。どっちにしろ、やめません。

もともとは人見知りなのに、知らない人ばかりの将棋会館に向かう姿には、親の私も感心します。毎回「強い人ってたくさんいるんだね」と話してくれます。

謝　辞

こどもたちから教わったことを、この本に書きました。
先生としては、将棋の作戦や礼儀作法などを
教えたつもりですが、それ以上にみんなから
たくさんのことを教えてもらいました。
本当にありがとう！　教室は１人ではできません。
理解をしてくださる保護者の方々、東大将棋部から
来てくれる講師、そしてスタッフのみんな。また、
いつもあたたかく応援してくださる経堂の街のみなさん。
これまでの10年間、本当に感謝しています。
そしてこれからも、よろしくお願いいたします。

高野秀行

高野秀行　たかの・ひでゆき

日本将棋連盟六段。
棋士として活躍するのみならず、
テレビで将棋番組の解説者をつとめる。
2008年から、東京・世田谷区で、
こどもたちに向けた将棋教室をはじめ、
たくさんのこどもたちに
将棋を教えてきている。また、
明治大学、國學院大学で講座も持つ。

著　　　高野秀行
構成　　　熊崎 敬
企画・プロデュース・編集　石黒謙吾
デザイン　寄藤文平+吉田考宏（文平銀座）
カバーイラスト　寄藤文平
写真　　　栗栖誠紀
DTP　　　藤田ひかる（ユニオンワークス）
制作　　　（有）ブルー・オレンジ・スタジアム
協力　　　須田泰成（経堂「さばのゆ」）

こどもをぐんぐん伸《の》ばす「将棋思考《しょうぎしこう》」
「負《ま》けました」が心《こころ》を強《つよ》くする

2018年12月5日　初版発行

著　者　高野秀行
発行者　佐藤俊彦

発行所　株式会社ワニ・プラス
〒150-8482
東京都渋谷区恵比寿4-4-9　えびす大黒ビル7F
電話 03-5449-2171（編集）
発売元　株式会社ワニブックス
〒150-8482
東京都渋谷区恵比寿4-4-9　えびす大黒ビル
電話 03-5449-2711（代表）

印刷・製本所　中央精版印刷株式会社

ISBN978-4-8470-9728-7
ワニブックスHP　https://www.wani.co.jp